メニューに活かそう！
日本の名産品

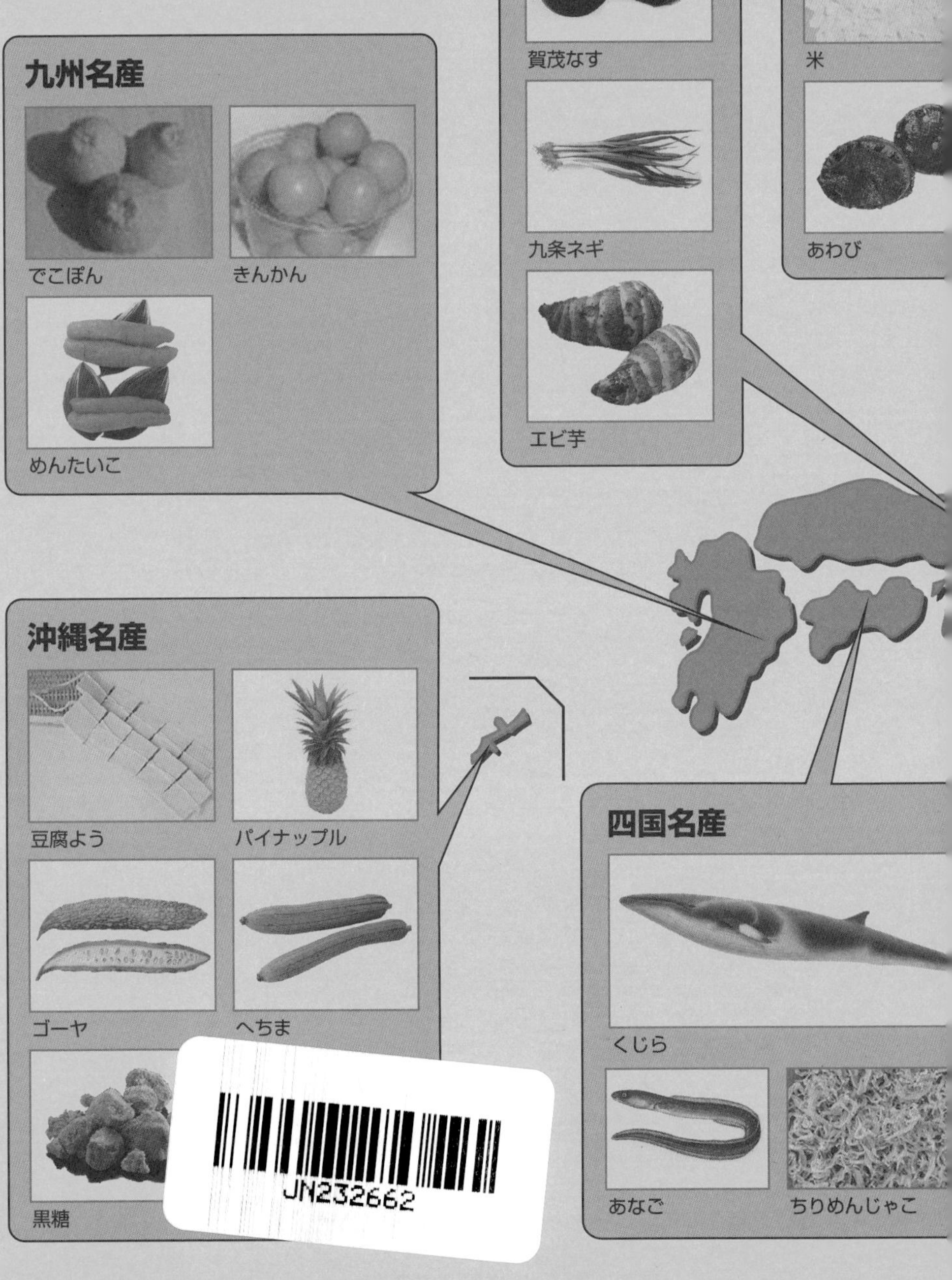

必ず当たる！

売れるメニューはここが違う

メニューは飲食店の
生命線！

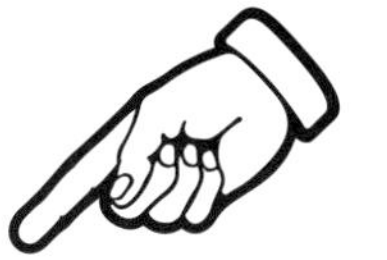

原田　諦

同文館出版

まえがき

メニューづくりの魅力に取りつかれて、かれこれ30年にもなる。これまで、多くのメニューづくりを手がけてきたが、あまりにも複雑・難解なため、〝これがあるべきメニューだ〟という定石的な理論は、未だに完成していない。

メニュー戦略は経営同様、社会の動向、店の規模、店格、立地、経営者の想い、業種・業態などをとらえて、お客のニーズや欲求を満たさなければならず、店それぞれに異なるからである。

一般的に「メニュー」と言うと、飲食店が商品を売るためのパンフレットやカタログの役割をはたすものとしてとらえられているのが普通である。

したがって、これまでのメニューに関する著書でも、商品販売に関わる知識や情報がほとんどだった。

しかし、本書ではメニューをこれより広く深く、経営の視点でとらえて考えてみた。つまり、メニューコンセプトによって、飲食店経営を成功させるようにまとめたのである。

世の中は常に動き、変化している。それに伴い、外食を利用するお客の生活様式や行動、価値観なども変化している。とくに、外食が日常化している今日では、お客の多様的ニーズ

（人それぞれに必要としている商品やサービス）やウォンツ（欲求）をとらえることは並大抵のことではない。

このような時代にあっては、これまでのような料理やサービス中心の考え方だけでは、「お客の満足」を得ることはむずかしい。

そのためには、お客のライフスタイルを探り、経営と一体化するための「メニューマーケティング」が不可欠と言っても過言ではないだろう。

私は、この複雑・難解なメニューづくりを戦略的に考え、マーケティング手法を核にすることがもっとも大切であることを確信している。ビジネスの対象が商品の売買にあることを考えると、マーケティング（商品を、大量かつ効率的に売るための販売活動、経営活動）は、飲食店経営においても重要かつ不可欠な戦略に違いないからである。

しかし、メニューづくりは、経営者や調理人、営業企画者などの手によって、安易に行なわれてしまうケースが多い。

したがって、思い込みや他店のコピーなどによるメニューの失敗から、経営危機を招いているケースも少なくない。

そこで本書は、「メニューマーケティング」を経営の要として考え、飲食店経営を成功させるために、誰にでもわかるように図解とチャートを用いて解説した。とくに、この手法が戦略的に用いられるように、むずかしい論理はなるべく排して、メニューづくりのいかなる場面にでも応用できるように解説したつもりである。

外食業界は競争激化の時代にあり、競争に勝つために、さまざまなテクニックやノウハウを用いて競い合っている。しかし、このメニューマーケティングを理解しない限り、これからの外食産業で生き残っていくことは困難だろう。本書に掲げたメニュー戦略が、フードビジネスに携わる多くの人のお役に立つことを願って止まない。

最後に、長年の夢だった本書を出版してくださった同文舘出版株式会社、前著『図解　はじめよう！「麺」の店』とともに、多大な労を取っていただいた同社出版部の古市達彦氏ならびにライターの東潔氏に、この場をお借りして、心より御礼を申し上げる。

２００２年５月

原田　諦

必ず当たる！
「売れるメニュー」はここが違う

もくじ

もくじ

5章 売れるメニュー作成の手順と方法

6章 食材を制する者がメニューを究める

7章 業種別・これが売れるメニューだ！

8章 メニュー・レイアウトで集客しよう

もくじ

9章 メニューの効果を倍増する販促作戦

10章 売上アップにメニューを活かせ！

本文デザイン・組版／大塚智佳子（ムーブ）
カバーデザイン／齋藤　稔
本文イラスト／近藤智子

1章

メニューこそ、飲食店経営の“生命線”だ！

1 過当競争時代を勝ち抜くカギは「メニュー」にある

飲食店の生命は、〝おいしい料理〟に尽きる。雰囲気やサービスがどんなにすばらしくても、肝心の料理がまずければ、その店は短命に終わる。飲食店に入る以上、誰だって、おいしい料理を、楽しく食べたいはずである。でなければ、外食する意味がない。

では、おいしい料理さえ出していれば、飲食店の経営は安泰かというと、必ずしもそうとも言えない。ここが飲食業のむずかしさである。

そこそこの料理を出していながら、売上不振に陥っている店はゴマンとある。地方都市の飲食店のコンサルティングを長年続けてきた経験から言うと、売上不振に陥る店はほとんど例外なく、「メニューづくり」がきちんとできておらず、それが引き金となって、競合や客離れを起こしている。

メニューは料理のカタログではない

飲食業にとって、商品力（メニュー力）のなさは致命的である。当たり前すぎることのようだが、意外に多くの経営者は、このことを理解していない。経営者や調理人が、自分の作りたいものだけを集めて、それをメニューにしてしまっている。つまり、メニューが単なる料理のカタログになってしまっているのだ。

飲食店のメニューは、単にお客に出す〝料理集〟というだけでなく、経営全体をコントロールする重要な機能を持っていることを知っておくべきである。

たとえば、店づくりの雰囲気とメニューの内容が合っていなければ、お客の楽しさや喜びは半減する。また、メニューの値付けが不適正なら、お客は割高感を抱き、売上げが伸びない、というマイナス面が生じてくる。

さらに、店舗規模に合わない商品構成やアイテム数だと、調理の煩雑さやサービスが行き届かなくなる、といった事態が起こり、せっかくのお客を失いかねない。

メニューのあり方が経営を決める

集客、売上げ、収益、コストのすべてに、メニューは関わっている。したがって、メニューによって、経営のありようが決まると言っても過言ではない。

最近のお客は、いろいろな店に足繁く通うよりも、店を絞って利用する傾向があり、その店ならではの、独創性のあるメニューの追求が不可欠となってきている。とりわけ、中小店ほど「メニュー戦略」が必要で、飲食店の過当競争がいっそう激しさを増してくると予想される、これからの時代を勝ち抜くためのカギと言っていいだろう。

＊＊＊飲食店の経営とメニューの関係＊＊＊

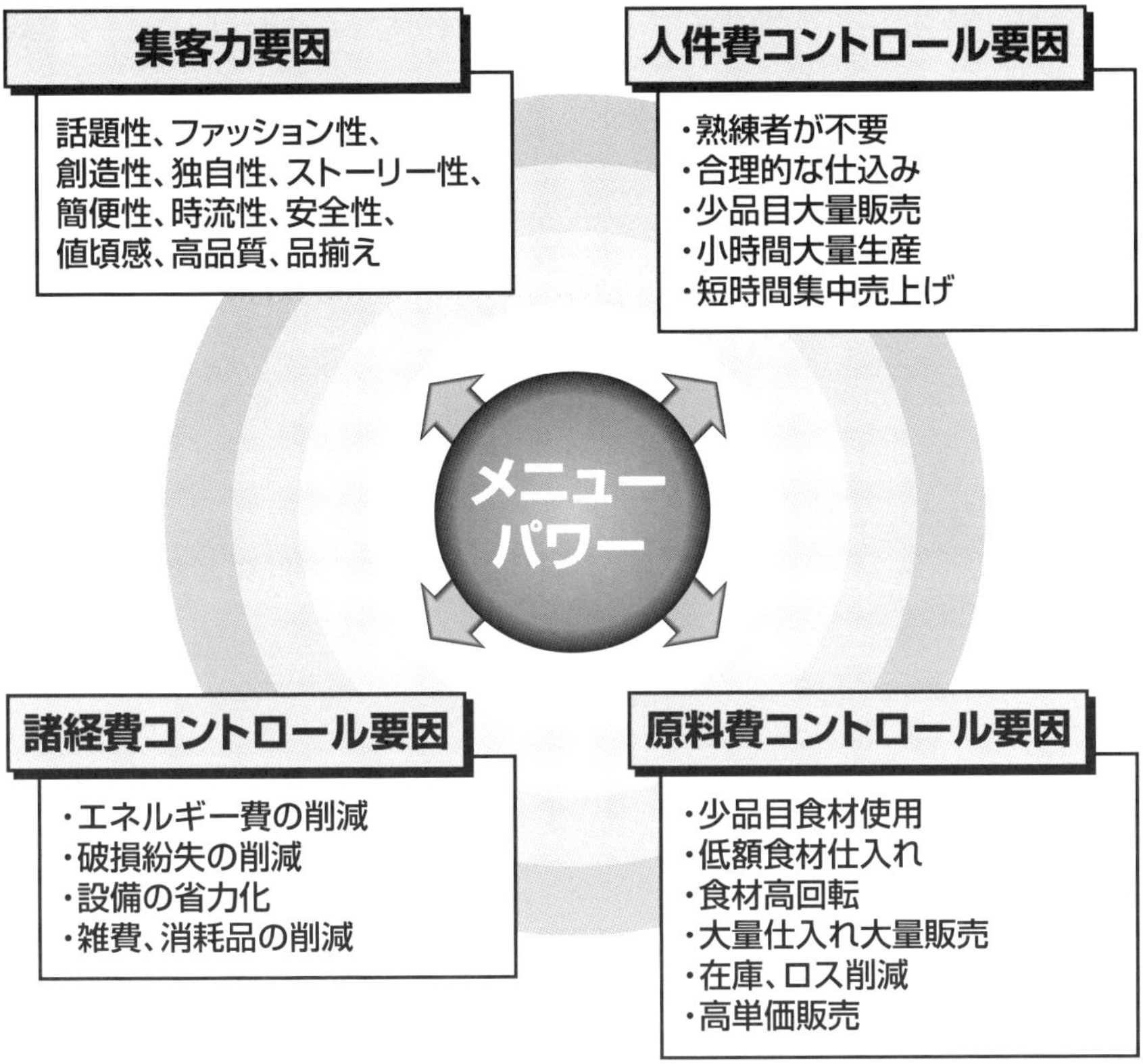
集客力要因
話題性、ファッション性、
創造性、独自性、ストーリー性、
簡便性、時流性、安全性、
値頃感、高品質、品揃え
人件費コントロール要因
・熟練者が不要
・合理的な仕込み
・少品目大量販売
・小時間大量生産
・短時間集中売上げ
メニュー
パワー
諸経費コントロール要因
・エネルギー費の削減
・破損紛失の削減
・設備の省力化
・雑費、消耗品の削減
原料費コントロール要因
・少品目食材使用
・低額食材仕入れ
・食材高回転
・大量仕入れ大量販売
・在庫、ロス削減
・高単価販売

2 店の個性は「メニュー」で決まる！

人間関係においては、初対面での第一印象が重要となってくるが、飲食店の場合も同様である。つまり、初めて来店したときの第一印象が、お客の再来店を促すかどうかに大きく影響してくる。

お客のこうした印象を決定づける最大の要素が、実は、「メニュー」なのだ。

これは、飲食店を利用する目的が食事を楽しむことにあるのだから、当然と言えるだろう。

「メニュー」にお客は集まる

外食には一般的に、〝日常的な利用〟と〝レジャー的な利用〟という二つの要素がある。サラリーマンやOLのランチは前者で、食欲を満たしたり、栄養補給を目的としている。

一方、恋人とのディナーや家族の団欒でレストランを利用するのが後者で、こちらは豊かな時間を味わうことに主眼が置かれている。そのため、料理はもちろん、店の雰囲気も重要なポイントとなる。

いずれにせよ、飲食店を利用するにあたって、お客は必ず店の個性を見て、さらに自分のお腹と相談してから注文を決める。「最近、胃が疲れ気味だから、あっさりした和食にしよう」とか、「給料日前だから、○○屋の牛丼でがまんしよう」といった具合である。

また当然、中華料理店で寿司を注文するお客はいないし、フランス料理店でラーメンをオーダーするお客もいない。

「舌は肥えているが、財布のヒモは固い」

このように、メニューのあり方はお客の利用動機を決定づけ、ひいては店の経営を大きく左右することになる。

どんな商売でも言えることだが、「あそこにもある、ここにもある」という店づくりでは、繁盛することは考えられない。他店では味わえない付加価値や楽しさがあるからこそ、お客はわざわざ来てくれるのだ。

居ながらにして、世界中の料理が食べられるグルメ天国の日本である。「舌は肥えているが、財布のヒモは固い」最近のお客を引きつけるには、その店ならではの「個性」が必要なのだ。

しかし、店の雰囲気や店舗のデザインといったハード面だけを優先させて開業するケースが跡を絶たない。

そのような店ほど、商品に対する〝こだわり〟が薄いため、競合を招いて売上げが低迷し、過大な設備投資や人件費の高騰、販促費の膨張による経費の増大を招いて、苦しい経営状況に陥りやすいということを忘れてはならない。

＊＊＊ 外食動機とメニュー分類 ＊＊＊

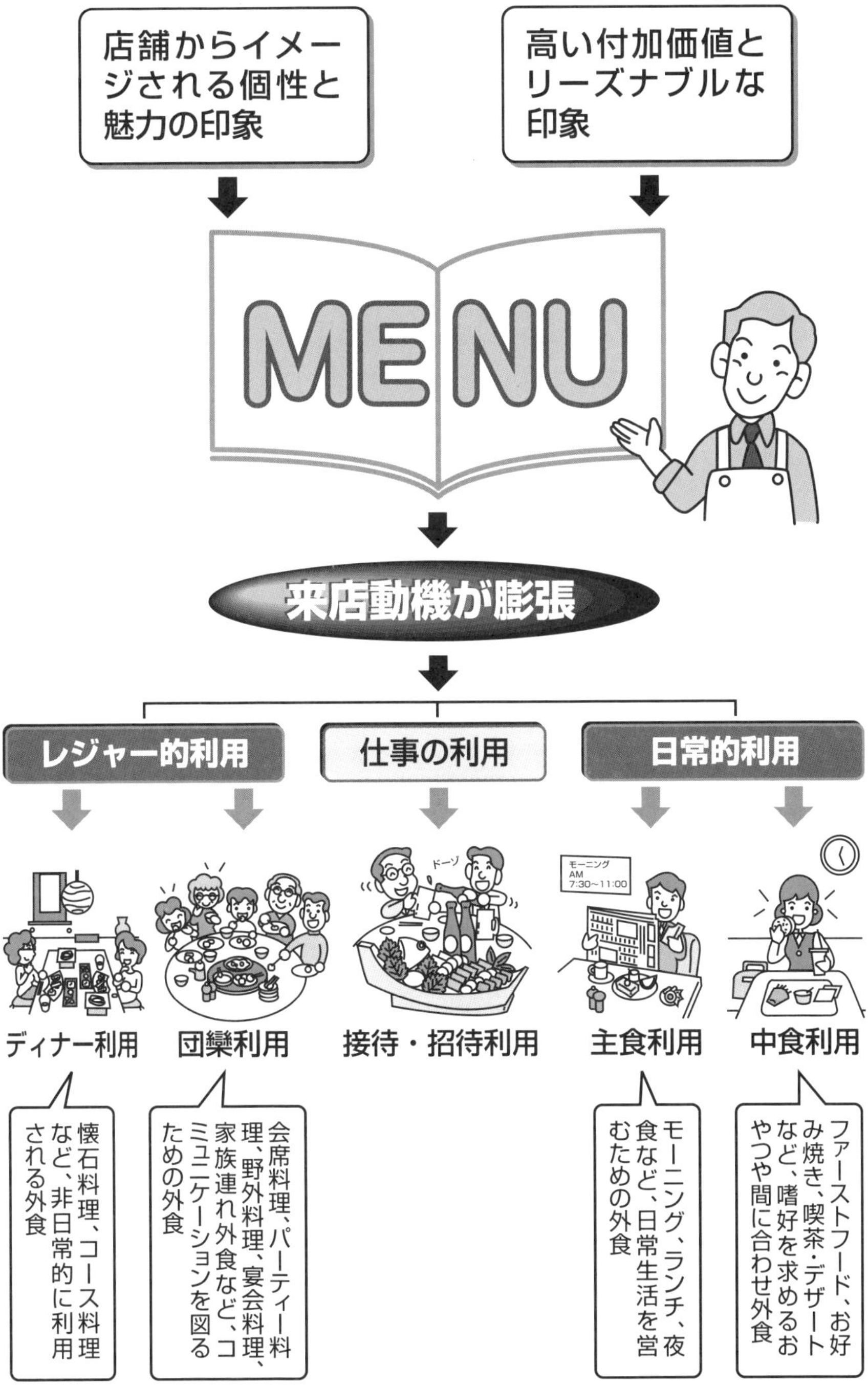

3

〝売り手発想〟では失敗する

飲食店を取り巻く経営環境は、たしかに厳しい。これだけ店が増えてきているのだから、競争が激しくなるのは当然で、とりわけ中小店は、生き残るために必死である。

私のところにも、多くの経営者が相談に来られる。独立開業から売上不振の打開策まで、相談内容はそれぞれ異なるが、私自身は、メニューづくりをコンサルティングの中心に据えている。

なぜなら、それこそが飲食店の経営を成功に導く最強の〝武器〟だからである。

お客のニーズは時代とともに変わる

もちろん、飲食業に携る人で、メニューに無関心という人はいないだろう。「メニュー開発には、とくに力を入れている」と、よくおっしゃる。

しかし、よくよく聞いてみると、どうも〝売り手発想〟（売る側から一方的に発想すること）になっていて、〝お客不在〟である場合が多いようだ。

言うまでもなく、飲食店はお客が入ってくれて、初めて成り立つ商売である。ならば、お客のことを考えないのはおかしい。お客が飲食店に何を期待し、何を求めているかを探りあて、それを自店のメニューに反映していかなければ、お客からの支持など得られるはずがないのである。

しかも、お客のニーズは、社会の動きとともに変わっていく。景気低迷が続く昨今で言えば、お客は、明確な表現や表示（○○専門店など）を好む傾向にあるようだ。

「思い入れ」だけではダメ

また、お客のニーズは立地によって変わるし、客層によっても違ってくる。価格が安くなければ売れないこともあれば、多少高くても、おいしいものを食べたいというお客が多い場合もある。まさに、ケース・バイ・ケースである。

売り手側が、そうした変化をとらえることができなければ、経営は必然的に衰退していく。

ところが、同じ場所で長年営業を続けていると、どうしても慢心経営や放漫経営になりがちである。かと思えば、場当たり的なメニュー変更によって、客離れを起こしているケースも少なくないのである。

飲食業とは、〝心理ビジネス〟でもある。うつろいやすい消費者の心を読み取ることができなければ、続けていくことはむずかしい。

したがって、商圏内にどんなニーズがあるのかを、的確につかむことが重要である。

＊＊＊ メニューづくりの基本発想 ＊＊＊

社会環境調査

- 経済・産業景気動向調査
- 外食マーケットの特性調査
- 競合店の動向調査

市場調査

顧客環境調査

- お客に潜む欲求調査
- 商品・サービス・トレンド調査
- 商品購買力調査

↓

調査方法

- アンケートや観察による実態調査
- 資料や統計表によるデータ調査
- 事例や他店のサンプルによる標本調査
- パネラーやモニターによるサンプル調査

↓

メニュー方針の決定

① 経営資源（店の規模や人的能力、必要利益など）に合ったメニュー規模を計画する

② お客のニーズや欲求をとらえて、それらを充足するメニューコンセプトを立案

③ 地域や商圏内の顧客の風習や習慣、特性をとらえて、独自性の高いメニュー構成を考案する

④ 顧客のライフスタイルから外食志向や嗜好性を探り、タイムリーかつリーズナブルなメニュープランを立てる

↓

メニューづくり

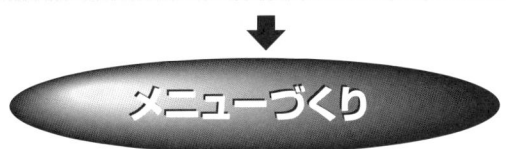

4 メニュー開発は経営戦略のひとつ

外食ブームは、飲食店の経営に潤いをもたらしたが、同時に、飲食店を見る消費者の目を厳しいものへと育てた。

最近のお客は、好みや価値観がはっきりしている。これまでのように、マスコミなどから与えられる情報に流されるのではなく、自分の感性に合う店かどうかを厳しくチェックしているのである。

最近の飲食店は、全般的に売上低下の傾向にあるが、その原因は、決して不況によるものばかりではない。意外と見落とされがちなのが、メニューのマンネリ化と商品の平均化である。「素材」、「調理」、「味付け」のいずれにおいても、新鮮味の乏しい商品ばかりが並んでいるような気がする。

●「ありきたりの店」が増えている

食欲を満たすためだけなら別だが、お客が求めているのは、〝その店でしか食べられない商品〟である。でなければ、わざわざその店を選ぶ理由がない。それなのに、どこの店でも食べられる商品を出されたのでは、がっかりするはずである。満足感が得られないから、お客の目は他店へと向けられることになる。つまり、客離れである。

お客が必要としているものをタイムリーに提供できなければ、お客から見放されるのは当然である。

しかし、それがわかっていてもできないのが現状、と言っていいだろう。独自性の高い看板商品を売り物にする店が減って、特徴のない「ありきたりの店」が増えている。

これは、集客を万人受けする商品で無難にすませたり、消費者の欲求に対応できない商品開発の遅れが、最大の要因と考えられる。

裏返せば、この程度で十分と、お客をバカにしている、と見ることもできるのである。

●リピーターを作るのが目的

しかし、お客はバカではないから、自分の好みや価値観に合った店を探し続ける。

こうして、繁盛店と不振店の格差は、ますます開く一方となるのである。

そもそも、飲食店は付加価値を売る商売である。商品に付加価値があると納得すれば、お客は何度でも来店してくれる。そして、リピーターが増えることによって、店は繁盛していくのである。

したがって、メニュー開発の目的は、リピーターを作ることであり、市場の変化に対応した経営戦略のひとつとしてとらえることが重要なのだ。

＊＊＊ メニューのマンネリ要因 ＊＊＊

お客が感じるマンネリ要因

メニュー要因

- 品揃え不足
- 類似商品の過多
- 平凡な容器の使用
- 伝統料理の安易な改造
- 四季感の欠如
- 同一メニューの長期化
- コンセプトの欠如
- 独創性の欠如

空間・サービス要因

- 個性の欠如
- 過度の接客
- 標準化・パターン化
- 独自性の欠如
- ターゲットゾーンの狭小
- 空間創造性の欠如
- ファッション性の欠如
- 話題性の欠如

競合、飽和、客離れ、客単価低下の原因となる

5 メニューを変更するだけで、不振から脱出！

飲食店のメニュー設計は〝魚釣り〟に似ている。魚釣り名人は、狙う魚の生態や生息場所、回遊時間帯など、魚の特性を調べあげたうえで、エサを決めるからだ。

お客が、どのようなものを欲しているのかを無視して、売る側の思い込みだけで提供するメニューは、多くの弊害を生む。

まず、必要以上に商品数が多くなると、材料ロスが増える。また、仕込み作業や提供時間も遅くなる。それら一つひとつが客離れにつながり、経営悪化を招くのである。

●事前調査を怠ったツケから経営不振に

飲食店が経営不振に陥った場合、その解決の糸口として、「販促」や「メニューの改造」を行なうのは常套手段だが、なかには、ちょっとした工夫や努力だけでは、復活は困難と思われる店もある。

往々にしてこれは、経営者が、立地や客層などの事前調査を怠ったような場合に起こりがちだ。

「こういう店がやりたい」と思っていても、顧客が獲得できるかどうかは店を始めてみなければわからない、というのでは、健全な経営は望めないからである。

出店した店が売り物としているメニューが、たまたま立地やお客のニーズに合致していればいいが、そうでない場合、問題は深刻である。想定している客層が出店地域に存在していなければ、いくら不振脱出のための「販促」や「メニュー改善」を行なったところで、活性化にはつながらないからである。

●焼き肉店から鍋屋料理店へ

このようなケースでは、思い切った決断が必要となる。全面的なメニュー変更もやむを得ない。

佐賀県佐賀市にある「鍋家花たろう」は、まさにそうした状態にあった。

同店は、店舗面積33坪、席数37席という小規模店だが、年商７５００万円の繁盛店である。オープン当初は、家族連れを狙った焼き肉店だった。

ところが、立地が夜の繁華街だったため、家族連れは少なく、すぐに経営不振に陥り、わずか1年半で、全面的な経営の見直しを余儀なくされた。

綿密な市場調査を行なった結果、出店地域に多い中高年層を狙った〝鍋屋居酒屋〟へと業態を変更。メニューも、全国の鍋料理と各地の地酒を揃えるなど全面的に変え、見事に不振から脱出したのである。

＊＊＊鍋料理のいろいろ＊＊＊

中華火鍋子

フカヒレ鍋

中華よせ鍋

韓国チゲ鍋

中国しゃぶしゃぶ

魚鍋

うなぎ鍋

鶏肉鍋

6

小規模店にとって、価格競争は命取りになる

売上低迷に悩む飲食店の打開策のひとつとして、メニュー価格の引下げや激安メニューの導入がある。大手ファミリーレストランチェーンが価格見直しに乗り出し、〝食べ放題〟の店も急増しており、小規模店も何らかの対応を迫られていることはたしかである。

しかし、ただやみくもに値下げをしても、失敗する確率が高い。

「安さは商売のすべてである」とも言われるが、いくらお客を集めることができても、売上げが、必要経費（原料費、人件費、諸経費、固定費）を上回らなければ、経営は成り立たないからだ。

●薄利多売はチェーン企業や大型店の発想

かといって、原価を抑えるためにメニューの質を落とすと、今のお客は見向きもしなくなる。

素材を、特別に安く仕入れられるような流通の仕組みができていないかぎり、逆に経営を危くすると言わざるを得ないのだ。

商品の品質を落とさずに単価を下げれば、お客は来る。安くすれば、原価率は押し上げられ、粗利益は少なくなるが、たくさん売ればその分は取り戻せる――このような薄利多売は、チェーン企業や大型店だけに通用する発想であって、小規模店がやるべきことではない。

なぜなら、そもそも小規模店は席数が少なく、よほど高回転しないかぎり、客数の大幅アップは望めないからだ。駅前の立ち食いそば店のように、立地条件や業態、商品力などがあれば別だが、そのようなケースは、むしろ例外と考えたほうがいいだろう。

●メニューによって客単価が決まる

したがって、小規模店の対策としては、安易な価格競争に加わるのではなく、消費者が「これぐらいなら大丈夫」という客単価の範囲の中で、良質な商品を〝お値打ち価格〟として提供するのが有効だ。

つまりこれが、「リーズナブルプライス」である。お客が満足して、初めてその価格はリーズナブルと言えるのであって、「何でも安ければ」というのは大きな誤解なのだ。

小規模飲食店は、市場（客層）を的確にとらえて、基本的経営力（商品力、サービス力、雰囲気）を練り上げることが肝要である。

そして、他店との差別化によって、競合を避ける経営をめざすべきなのである。

＊＊＊客単価設定法＊＊＊

ターゲット客層	客層比率	メニューA 680円	メニューB 2,800円	メニューC 850円	メニューD 650円	宴会料理 3,500円	アルコール 800円	グループ別1人平均購買額	客単価係数
		一品平均購買額							
カップル客	10%	購買比 30% 204円	購買比 0% 0	購買比 0% 0	購買比 45% 292.5円	購買比 25% 875円	購買比 80% 640円	2,011.5円	×0.1 (201.2)
女性グループ客	20%	20% 136円	15% 420円	30% 255円	25% 162.5円	10% 350円	70% 560円	1,883.5円	×0.2 (376.7)
主婦客	5%	40% 272円	0 0	30% 255円	25% 162.5円	5% 175円	5% 40円	904.5円	×0.05 (45.2)
男性グループ客	15%	15% 102円	30% 840円	10% 85円	30% 195円	15% 525円	60% 480円	2,227円	×0.15 (334)
ファミリー客	40%	40% 272円	2% 56円	30% 255円	25% 162.5円	3% 105円	10% 80円	931円	×0.4 (372.4)
その他	10%	5% 34円	65% 1,820円	0 0	10% 65円	20% 700円	80% 640円	3,259円	×0.1 (326)
合計	100%								客単価 1655.5円

↓ 店の来店客層を分類する（ターゲット客層）

↓ 顧客層別の来店頻度構成（客層比率）

↓ 客層別・商品別購買構成（一品平均購買額）

↓ 客層別アルコール利用単価（アルコール）

↓ 客層別客単価（グループ別1人平均購買額）

↓ 店のトータル客単価（客単価係数）

7 看板メニューを育てることが繁盛店への近道

「飲食業はコンセプト産業である」——異論もあるかと思うが、商品や販売方法、価格設定などについて、規格や規制がないというメリットがある飲食店は、そのメリットを活かしてコンセプト（自分の考え方）を売っていくことが、成功のポイントとなるのである。

具体的に言うと、〝独自のメニュー開発による差別化〟を進めることである。飲食店にとって、何よりも大事なのは〝店の味〟であり、とりわけ、競合店の追随を許さない主力商品を持っている店は強い。

●「自慢の一品」が売上げをつくる

「不況だ」、「売れない」、という業界の嘆きをよそに、売上げを伸ばし続けている繁盛店は、必ずと言っていいほど、「自慢の一品」を持っている。

飲食店は、この「自慢の一品」によって、激しい競合を制することができるといっても過言ではないのである。

お客はわざわざ、その「自慢の一品」を求めてやって来るのだ。しかも、単純に価格だけでは考えない。なぜなら、他店では食べることができないからである。

これはつまり、原価を低く抑えることができれば、儲けが確保しやすいということであり、だからこそ、看板商品が数多く売れることで店は繁盛するのだ。

前にも述べたように、いくら売れても、儲けが出なければ経営は続かないが、看板商品は、「儲けを確保するための戦略商品」として重要なのである。

●メニューは、経営をにらんで完成させよう

特徴のあるこだわり商品を開発し、その主力商品を中心とした独自のメニュー構成で、他店にない特色を出すことが繁盛店への第一歩となる。

もちろん、「自慢の一品」は簡単に生まれるものではなく、相当の技術と時間が必要になってくる。

なぜなら、お客に支持され、繰り返し利用されるには時間がかかるからだ。

場合によっては、「自慢の一品」と決めた商品をクローズアップするために、意味のない総花的類似商品をメニューから外すことも必要になってくるだろう。

メニューは、経営をにらんで完成させなければならない。したがってメニューは、店のテーマと合った商品群や価格群で構成することが望ましい。また同時に、店のテーマを演出、表現して、お客に伝達する、最大の〝ツール〟と考えるべきなのである。

＊＊＊ 経営理念とメニュー戦略の基本概念 ＊＊＊

経営理念
（経営目的を達成するための考え方）

↓

経営戦略（経営の考え方と、それを実施するための計画・手段）

経営目的
経営によって
達成すべきこと

➡

経営方針
経営目的を
達成するための方法

➡

経営目標
経営目的を達成
するために必要と
なる会社の大きさ、
店舗数、売上高、
従業員数

↓

フードマーケティングリサーチ
（その経営が実現できるかどうかについての調査）

市場調査、特性調査、潜在力調査、経営資源調査

↓

メニュー戦略（経営目標を実現するための商品計画とその手段）

メニューコンセプト
誰に、何を、
どのように
売るのかを決定

➡

商品開発方針
その商品は、
どのような商品
なのかを決定

➡

販売方針
いつ、誰に、
どのような方法で
売るのかを決定

8

小規模店は〝絞り込みメニュー〟で攻めよ!

大手レストランに負けじ、とメニューの幅を広げ、逆に売上ダウンを招いている小規模店を、よく見かける。メニュー数が多すぎると、仕込みに手間がかかり、在庫管理が複雑になって、かえって経営を圧迫しかねないからだ。

また、〝飽食の時代〟と言われるように、最近のお客は舌が肥え、グルメ情報も豊富だ。だから、いくらメニュー数が豊富でも、ぜひ食べたいと思える商品がなければ、すぐに飽きられてしまう。

したがって、小規模店が激しい競合を勝ち抜いていくためには、メニューを絞り込んで〝専門化〟をめざすべきなのだ。

メニューの数は重要

飲食店を成功に導くうえで、メニューの数は重要なポイントとなる。なぜなら、メニューの数によって、厨房設備や客席数、人員計画、さらには店のイメージや経営効率などにいたるまで、店舗にもたらされる影響は、計り知れないほど大きくなるからだ。

たとえば和食店の場合、単品（うなぎ、天ぷら、寿司、刺身など）をメインにして他の商品数を絞り込むと、専門店としてのイメージが強くなり、逆にそれぞれの単品を均一な品数にすると、和食レストランのイメージとなる。洋食や中華料理店についても、同様のことが言える。

しかし、専門店とレストランとでは、お客に与えるイメージはまったく異なることから、当然、利用動機も変わってくる。その結果、客層や客単価にいたるまで、大きく異なってくるのである。

経営者自身が、信念を持って実施する

もちろん、いろいろなメニューの中から選ぶということも、お客の楽しみのひとつではあるが、前述したとおり、小規模店の場合、メニューを広げすぎると、ファミリーレストランなどに比べて不利な条件が多いため、かえってお客に、中途半端なイメージを与えかねない。

それより、専門店にしないまでも、ある程度、メニュー数を絞り込んだ方が店の個性を打ち出すことができ、お客にも安心感が与えられる。

ただし、メニューの絞り込みにあたっては、経営者自身が、信念を持って行なうことが大切である。これを安易な考えで行なうと、客層を広げすぎたり、ひとつの食材からいくつものメニューをつくるなど、絞り込みどころか、逆に増大してしまうため、お客からの不信感を招くだけでなく、運営効率も悪くなってしまうのである。

＊＊＊大型店と小規模店のメニューのとらえ方＊＊＊

大型飲食店のメニュー構成

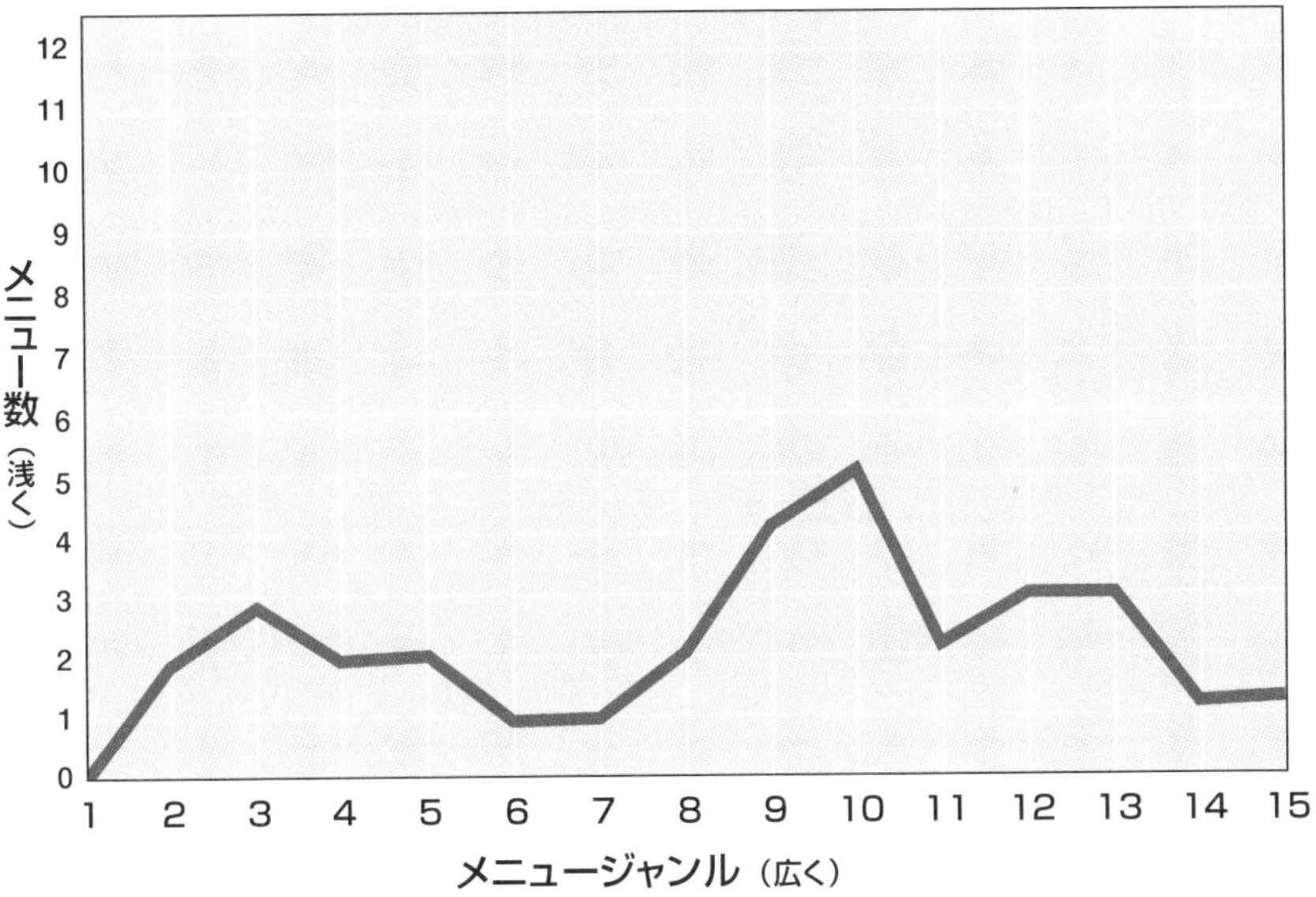

小規模飲食店のメニュー構成

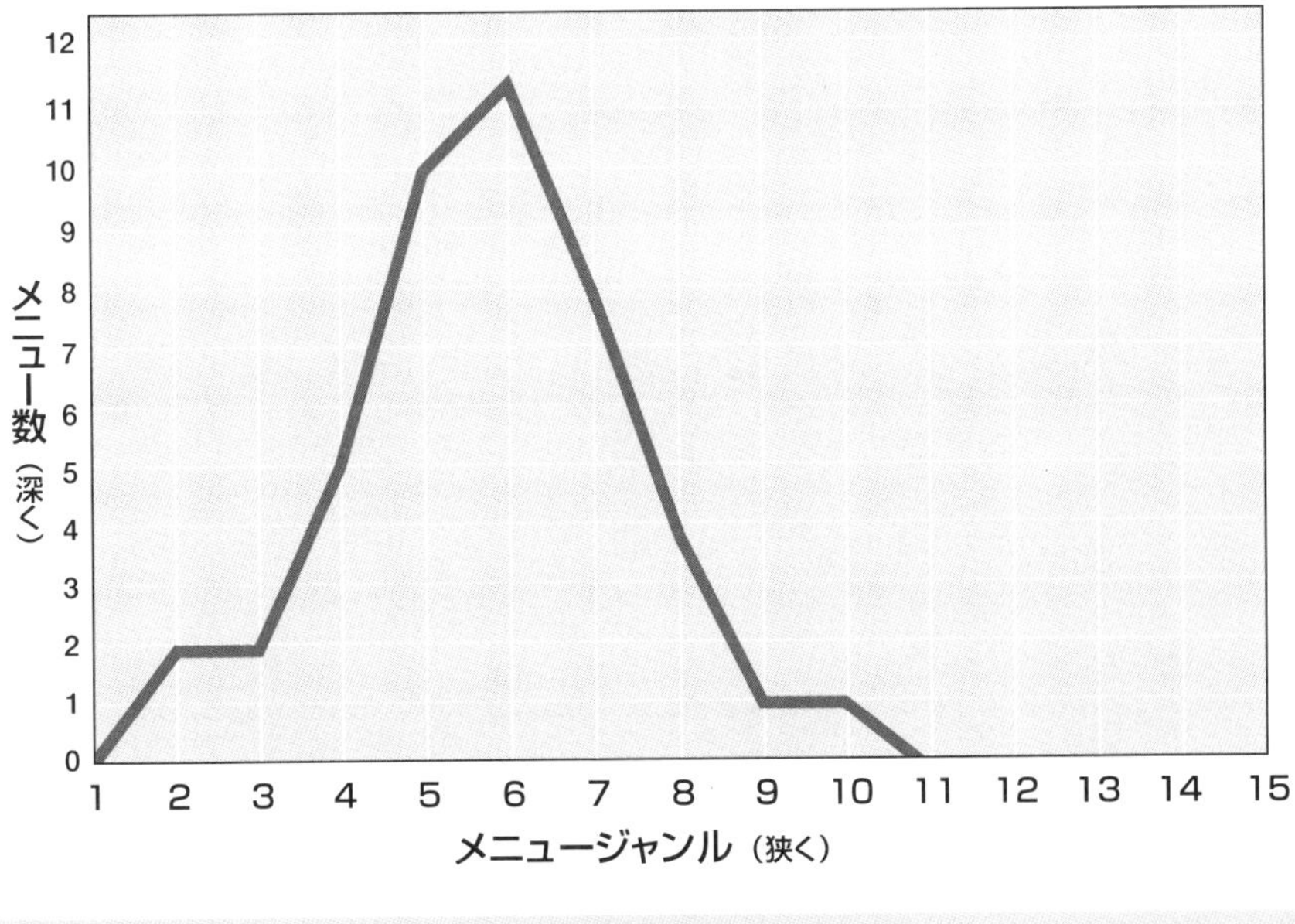

9

独創メニューは、アイデア料理にあらず

飲食店経営を成功させるうえで、独自性の高いメニューの開発が重要であることは言うまでもないことだが、一般的に「独自性の高いメニュー開発」と言うと、奇抜さを狙った〝アイデア商品〟と勘違いされやすい。

しかし、そうした売り手発想の商品では、お客の支持を得ることはむずかしく、店の看板商品にまで成長しているケースも少ない。

独創性のあるメニューを開発するには、何も画期的なアイデアが必要というわけではない。既存料理の使用素材を少し工夫するだけで、十分に開発可能なのだ。

たとえば、外国料理と日本料理をクロスオーバーさせると、思いがけない料理ができ上がる。具体的に言うと、カレーライスやカツ丼、和風スパゲッティなどは、その代表的な成功例と言えるだろう。

●お好み焼き風のスパゲッティ

静岡県浜松市にある、スパワールドカンパニー（橋詰敬允社長）は、スパゲッティの独創メニューを数多く開発して成功している。同社は、スパゲッティを中心としたレストラン4店舗を運営し、年商は4億円。なかでも、一番の人気商品「お好みスパ」は、お好み焼き風に仕上げたスパゲッティで、スパゲッティとは思えないほど、意外性の強い商品である。

この商品は、日本人が、お好み焼きや焼き鳥などの香ばしい料理を好むことに着目した橋詰社長が、〝広島風お好み焼き〟にヒントを得て開発したものである。お好み焼きソースに、フルーツソースとトマトソースを混ぜ合わせ、酸味のきいたソースに適度な甘味と風味を加えたことが、成功の秘密となっている。

また、お好み焼きとスパゲッティの両方の持ち味を活かした味付けが、女性客から圧倒的な支持を得ている。

●偏った個人の嗜好に走らないこと

以上はほんの一例だが、固定観念を払い去って発想すれば、独創性のあるメニューの開発は、そうむずかしいことではない。

注意すべき点としては、偏った個人の嗜好に走らないことである。開発した商品は、お客に出すことを前提としており、より多くの人に喜ばれる商品に育てなければならないからだ。

過当競争が、よりいっそう激化すると予想されるこれからの時代、多少のリスクを負っても、ターゲット層を明確にしたうえで、その客層に喜ばれるメニューづくりに取り組むことが重要である。

＊＊＊ スパワールドカンパニー店内と人気商品「お好みスパ」＊＊＊

店舗写真

お好みスパ

10 メニューマーケティングのすすめ

飲食店における「メニュー戦略」の重要性について述べてきたが、メニューづくりは商品開発であり、大手チェーンも個人店舗も、この一点においては何の変わりもない。ここでポイントとなることは、〝マーケティング〟という視点である。

マーケティングをひと言でいうと、企業が消費者に、製品やサービス（商品）をより多く買ってもらい、その結果、企業は利益を上げ、消費者も喜ぶ……という、一連の流れを指す。商品をより多く、より効率的に販売していくためには、マーケットをどうとらえるか（市場戦略）、価格をどう設定するか（価格戦略）、広告宣伝をどうするか（販売戦略）といったことなどが必要になってくる。

「満足感」を買ってもらう

さらに、消費者に商品を一方的に売るのではなく、「買ってよかった」と満足してもらわなければならない。つまり、消費者に「満足感」を買ってもらうための活動のすべてが、マーケティングなのだ。

企業経営においてマーケティングが重要視されるのは、言うまでもなく、モノが売れない時代だから、ということになるのだが、これは、飲食店経営にも当てはまる。

外食に対するお客の欲求は貪欲で、ある欲求が満たされてマンネリ化すると、別の新たな欲求が湧いてくる。メニューづくりは、こうしたお客の欲求や生活スタイルの変化をとらえ、その具体化を目的として取り組まなければならない。これが、「メニューマーケティング」ということである。

飲食店経営は、「どんぶり勘定」に陥りやすい欠点がある。これは、細々とした材料を何種類も組み合わせて、一商品を完成させるという面倒な作業が原因となっている。また、一般飲食店の72％、約34万店舗が小規模店（従業員１人〜４人）という事情もある。

極端に言えば、これまでは、「金をもらって料理を出す」だけで、十分にやってこられたのである。

「共生経営」という視点

ところが、待っていればお客が来た時代は終わり、これからは、お客のニーズの変化に応えていかないかぎり、飲食店の経営はますます困難になっていくはずである。店のある地域の立地や客層をよく観察して、その地域のお客が抱いている欲求を読み取り、それにマッチした売り方を考えていかなければならない。言わば、「共生経営」という視点が求められているのである。

＊ ＊ ＊ メニューマーケティング・プロダクツコンセプト ＊ ＊ ＊

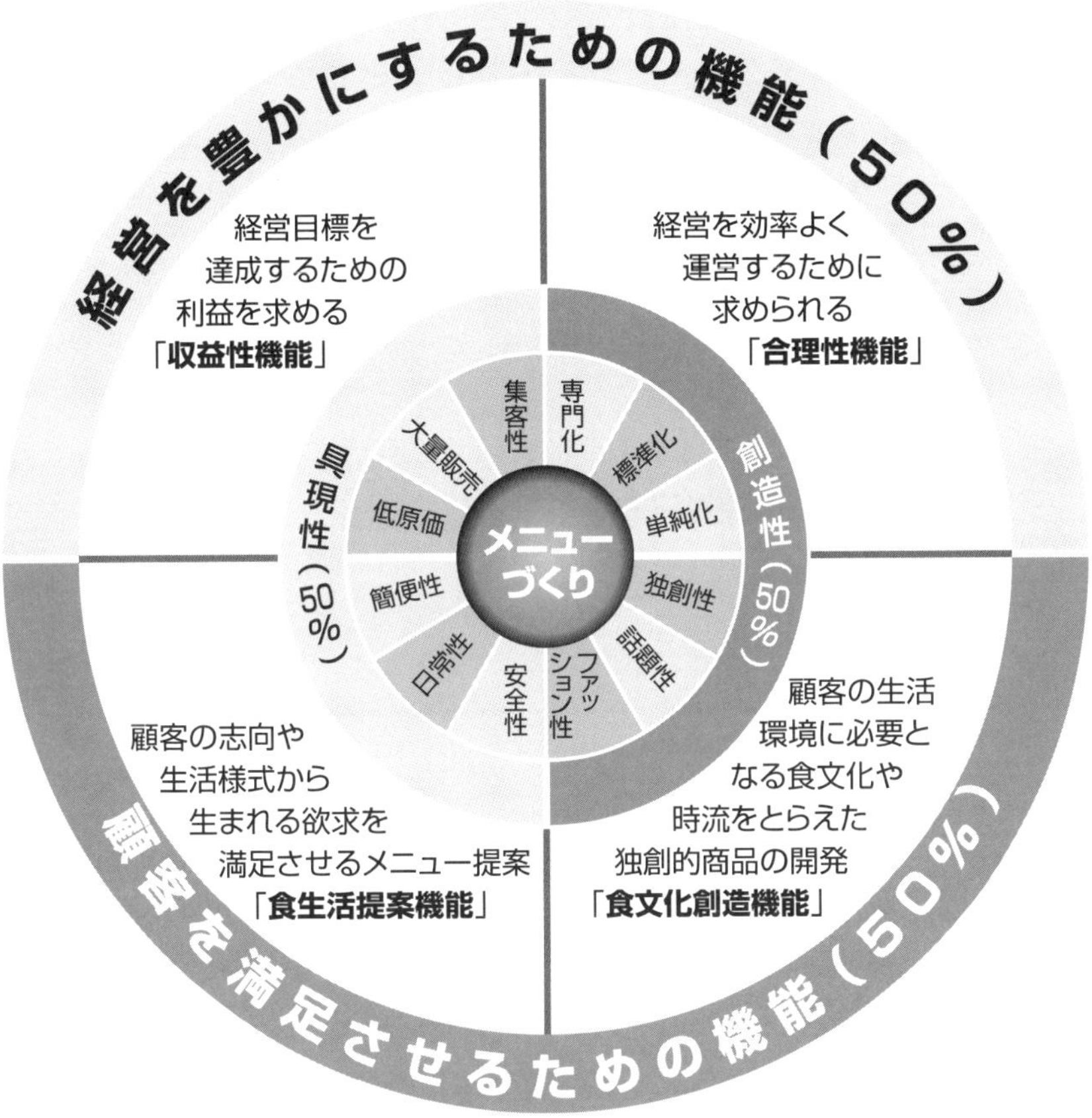
経営を豊かにするための機能（50％）
経営目標を
達成するための
利益を求める
「収益性機能」
経営を効率よく
運営するために
求められる
「合理性機能」
具現性（50％）
創造性（50％）
メニューづくり
集客性
専門化
標準化
単純化
独創性
話題性
ファッション性
安全性
日常性
簡便性
低原価
大量販売
顧客の志向や
生活様式から
生まれる欲求を
満足させるメニュー提案
「食生活提案機能」
顧客の生活
環境に必要と
なる食文化や
時流をとらえた
独創的商品の開発
「食文化創造機能」
顧客を満足させるための機能（50％）

収益性・合理性
が
豊かなメニュー
満足!!

コラム

＊メニューづくりの達人とは？＊

商売は、売り物（商品）の善し悪しによって、その行方が決まると言っても過言ではない。飲食店も同じで、お客はその店の料理によって、来店動機や来店頻度が左右される場合が多い。

しかし、ほとんどの店が、料理を売るための「パンフレット」や「メニュー」づくりを経営戦略とは考えず、その制作を、広告会社や印刷会社に任せきりにしているというケースが多い。

最近では、メニューづくりのパソコンソフトも発売されているようだ。これらをうまく使えば、自分流のメニューづくりも簡単だろう。“あれを売ってみたい”、“これを、もっと多く売りたい”など、試行錯誤の中から生まれるメニューは、販売技術を磨くだけでなく、顧客心理を読み取るトレーニングにもなる。

一般的に、繁盛している店を見ると、商品づくりへのこだわりも凄いが、売り方に工夫を凝らしているケースが多い。

とくに、お客の心をつかみながら購買心理を上手に引き寄せるなど、有利にモノを売るノウハウを持っているようだ。メニュー表にイラストや写真などを使うことで、売上げや集客に効果が現われるように仕組んでいるのである。

一方、売れない店の場合は、経営者や調理人の思い込みが強すぎて、バランスの悪いメニューがめだつ。

たとえば、「売りたい！」、「儲けたい！」と言う気持ちが強すぎて、全商品をカラー写真にしたり、わかりにくく選びにくい表現、また、お客へのサービスを考えるあまり、材料費をかけすぎるなど、店かお客のどちらかが、極端に不利になるケースが多いのである。

こうして見ると、メニューづくりは比較的、女性的な人の方が上手な気がする。このタイプは深く考えず、目の前のお客を意識して、値付けや料理構成を考えることができるからである。

つまり、タイムリーにお客へ尽くすタイプが、メニューづくりの達人と言えるのである。

私は、メニューを飲食店の“命”と考えている。そのため、メニューに対する考え方を誤っている人は、繁盛店を築くことはできないと確信している。メニューづくりとは、お客と店との掛け橋のようなものだからである。

2章

あなたの店のメニューは、ここが間違っている

1
“安価”だけが、お客の満足のすべてではない

飲食業界にはサイクルがある。商品の魅力が人気を呼ぶ時期と、売り方・提供方法などがウケる時期が、交互に繰り返される。

では、現在はどうかというと、お客はメニューそのものの魅力を求めていると言っていいだろう。

したがって、飲食店がこれからめざすべきことは、より専門性の高い、つまり、「この店でしか食べられない」という“差別化メニュー”づくりである。

といってもこれは、まったく新しいメニューをつくる、ということではない。

従来からあるものでも、素材がよく吟味されているとか、オリジナルのソースで味付けをしているとか、ひと手間の工夫を惜しまず、本格さを増すことで、十分に差別化は可能なのである。

●「１００円ドリンク」で失敗した居酒屋

お客が、メニューを通して求める価値観は、格安さとボリュームである場合が多い。しかし、それだけがお客の満足のすべてではない。

Ａ市にある居酒屋Ｓ店は、中華・エスニックをテーマとしたお洒落な店で、開店直後から、順調な売上げを維持していた。経営者は、店の雰囲気をもっとＰＲすれば、さらに売上げは伸びると判断し、さっそく新聞に折込みを入れたり、周辺住宅にチラシを配るなど、積極的に販促活動を実施した。そのチラシの内容は、店内の写真と「ドリンクの１００円セール」だった。

しかし、客数が増えたのは販促期間だけで、その後は逆に、客数の減少が始まったのである。そして、その後も頻繁に「１００円ドリンク」を続けているうちに、しだいに経営は、極端に悪化していったのである。

●店のコンセプトに沿ったメニュー販促を

居酒屋のお客は、安さだけが目的で来店するわけではない。そこに、酒を飲む楽しさを求めているのだ。

この店の場合、「１００円ドリンク」が雰囲気を壊し、主な客層だったカップル客に敬遠されたのが致命傷となった。

そこで私は、解決策として、「１００円ドリンク」の販促を中止して、「おいしい中華一品をサービス品」とする、また、前菜を大皿盛りにして一皿バイキングの楽しさや安心感を出す、カップル来店客の一人を無料招待するなど、店のコンセプトに沿ったメニュー販促を打ち出すことによって、離れた客を取り戻すように指導した。

＊＊＊ メニューの差別化を図る ＊＊＊

差別化要因	具体化要因
コンセプトによる差別化	・ストーリー性の反映 ・店舗シーンとの融合
食材による差別化	・鮮度にこだわる ・地域特産品にこだわる ・有機栽培食品にこだわる ・珍重、貴重食材を使用
価格による差別化	・食材原価の見直し ・特定商品の激安値付け ・少量盛りの半額販売
味付けによる差別化	・塩味を味噌味にするなどの逆転発想 ・香辛料の効果的利用 ・和を洋へ、洋を中華になど
盛付けによる差別化	・食器を大胆に利用 ・洋を和に、和を中華になど ・色彩を鮮やかに ・料理のあしらいに工夫を
オリジナル商品による差別化	・他店には見られない斬新さがある ・特別においしい ・徹底的に1品にこだわる
分量による差別化	・大皿盛りでグループ用に ・少量盛りでチョイス商品に ・1皿に多品種盛りで、豪華に
ネーミングによる差別化	・楽しく、愉快に、わかりやすく ・トレンディーに ・店名、個人名を使用する ・日常用語で意外性を

2 お客は、ボリュームで安いとは思わない

お客はそれぞれ、自分なりの欲求を抱いて来店する。欲求の度合には個人差はあるが、お客側から見た商品価値は、「物理的価値」（価格、ボリューム、味付け、使用食材、盛付けなど）と「情報価値」（伝統、自然食、ヘルシー、独自性、話題性など）に分けて考えられる。

最近では、情報価値がこれまで以上の重要なポイントとなってきている。なぜなら、ほとんどの飲食店のメニューが、物理的価値の類似化を招いているからである。

したがって、自店の経営を有利に導くためには、情報価値が反映できるメニュー開発に取り組んでいくべきである。情報価値がもっとも効果的に活かせるのは、全国的に知られている名物料理や郷土料理などをベースに、研究、開発を重ねて、独自性の高いメニューをつくり上げることである。

●今や、「腹いっぱいに」という時代ではない

すべてのお客に100％の満足感を与えることは不可能としても、できるだけ、多くのお客に満足してもらわなければならない。

お客の満足感を引き出すには、価格に対して、お値打感の高い商品を提供することである。前述したとおり、お客の満足感の根拠となるものは、安さとボリュームである場合が多い。

とくに庶民的な商品は、「安い」、「ボリュームがある」、「早い」をテーマに開発していくべきである。学生街で、食べ盛りの若者を相手に商売するのであれば、ボリュームは重要である。

しかし、それ以外では、ボリュームで安いと感じるお客は、むしろ少ないのではないだろうか。現代は、「まずは腹いっぱいに」という時代ではない。かぎられた時間の中で、すっきりと食べて、よりプライベートな時間を過ごしたいというニーズが強い。

そのため、丼いっぱいのご飯に、器からはみ出すような鶏肉の照り焼きをのせるといった類のものは、名物料理としては成り立つかもしれないが、もはや時代遅れなのだ。

●〝アメニティ〟が大きなテーマに

これからの時代の大きなテーマとなるものは〝アメニティ（快適さ）〟である。

そのため、飲食店での食事の楽しさや快適さのアピールが、よりいっそう重要となる。今こそ、「飲食店は、お客の食欲を満たすだけの場所ではない」ということを、経営者自身がしっかりと考えていくべきだろう。

＊＊＊ 商品の付加価値と顧客の満足 ＊＊＊

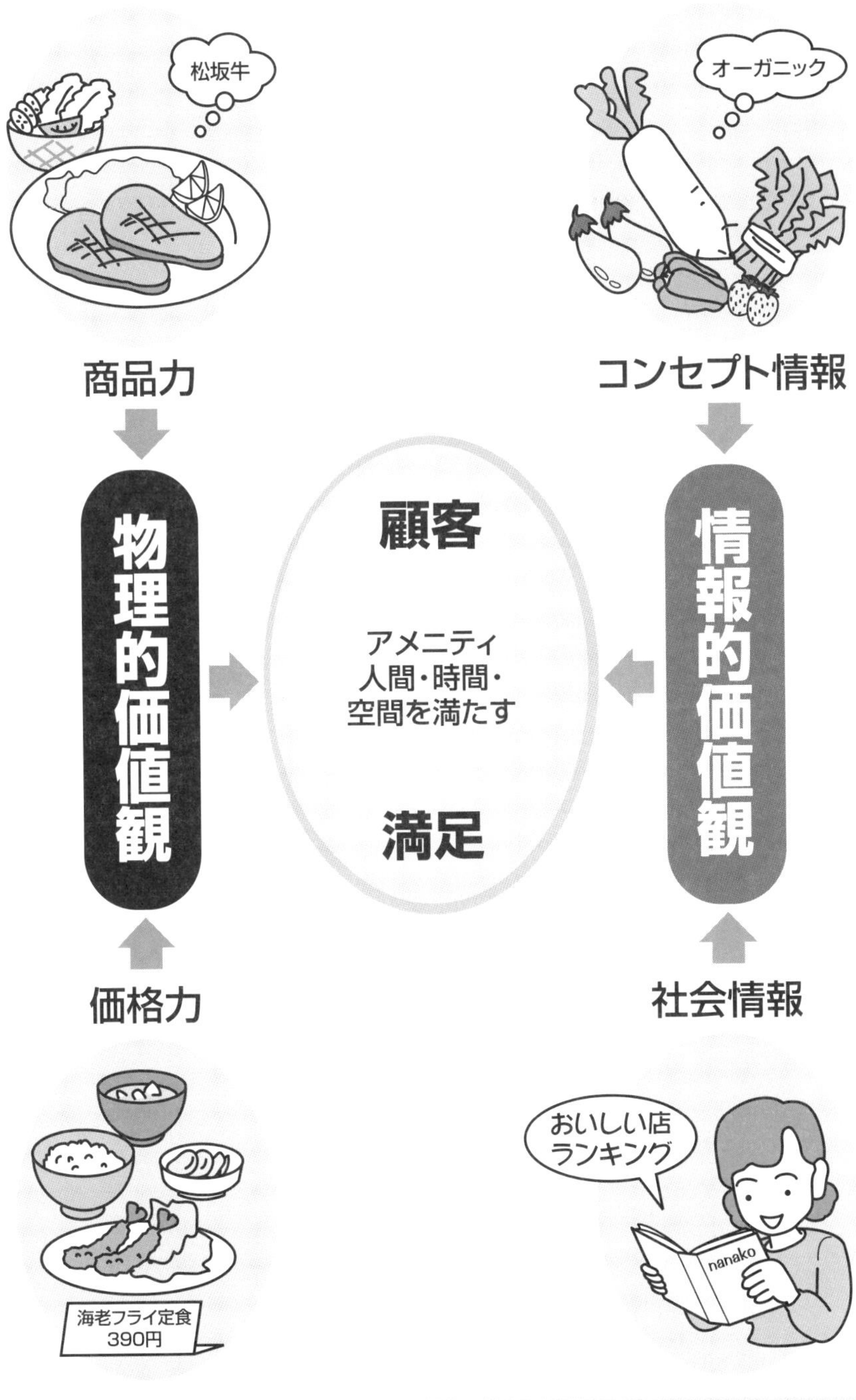

3 メニュー数が多くても飽食は起きる

来店したお客は、メニューを見て商品を選び、利用金額を決定する。当たり前のことだが、多くの経営者は、本当の意味で、このことを理解していない。

メニューは、お客の購買意思を決定する重要な経営武器なのだ。したがって、その役割をはたすための計画を元に、メニューを作成しなければならない。メニューを、長期間変えずにいると、客単価の低下や客数の減少をもたらす。これは、メニューに対する「飽食」現象であり、営業不振の原因になりやすい。

開店以来3年間、グランドメニュー（店のメインとなる定番メニュー）だけを、何の変更もないまま使用して、営業を続けてきた店がある。アンケートをとっても、メニューへの悪評はないのだが、開店2周年を迎えた頃から客数が減りはじめ、売上げも減少した。さらには、新規客ばかりで〝なじみ客〟がいないという事態になってしまった。

開店時のメニュー（とくにグランドメニュー）は、最大集客を図るため、欲張りな構成になりがちである。ただ、いろいろ並べただけという場合が多く、一時的なリピートはあるが、飽きられやすいメニューでもある。3年間も同じメニューを続けていれば、お客にとっても従業員にとっても、マンネリイメージは避けられない。

そのため、この解決策として、

・グランドメニューの改正
・差し込みメニューの作成
・強烈なインパクトを与えるオリジナル商品の開発
・開店3周年記念感謝祭イベントの実施

といったアイデアを打ち出し、お客に飽きられないようにした。

〝お客に飽きられやすい店〟には共通点があり、その筆頭に挙げられるものは、「品揃えは豊富だが、これといったおいしい料理がない店」である。

言うまでもなく、品揃えの目的は売上げを上げることである。お客に喜んでもらうために、いろいろな商品を揃えるわけである。

したがって、本来なら「うちは、よその店とは違いますよ」とアピールしなければならないにもかかわらず、商品に自信がないため、それができない。そのため、常識的な品揃えで安心してしまう。いくらメニュー数が多くても、ぜひ食べてみたいと思える商品がないのでは、お客から飽きられるのは当然だろう。

＊ ＊ ＊ いろいろなメニューとその役割 ＊ ＊ ＊

メニュー名	商品戦略	メニューの役割	メニュー利用
グランドメニュー	自店のメイン商品	コンセプトの表現による店格とテーマの位置付け	年間を通じて
POPメニュー	衝動買い商品	売上増大、原価コントロール	随時対応
差し込みメニュー	特別商品	時流、四季、非日常メニューによる飽食回避、売上増大	サイクル的な販促に対応
黒板メニュー	おすすめ商品	食材ロス削減、客単価増、原価削減、売上増大	随時対応
サンプル・メニュー	お値打ち商品	他店との差別化、新規客の誘致	年間を通じて
イベント・メニュー	目玉商品	催事、イベント、フェアーなどの集客と売上増大	行事、企画販促に対応

4 小規模店は「何でも屋」になるな！

全国の喫茶店の店舗数は、昭和61年以降、増加から減少に転じ、現在もその傾向が続いている。とくに、家族経営的な店は生き残りに必死である。食事メニューの導入や二毛作営業（昼と夜で業態を変えた営業）を試みる店も少なくない。

しかし、安易な計画や曖昧な考えだけで行動すると、お客に不信感や不安感を抱かせ、逆効果にもなりかねない。喫茶店といえども、現代は、食事メニューに高品質を打ち出すべきである。また同時に、客単価より、客数増が狙えるような商品導入が必要となってきている。

●メニューを増やしただけでは支持されない

食事メニューに対する顧客心理としては、バランスのとれた安心感（価格、味覚、形態、店との調和）が重要である。

したがって、そのイメージが損なわれると、お客は購買意欲を失うことになりがちである。喫茶店の食事メニューも、このような顧客心理に大きく左右される。単にメニューを増やしただけでは支持されないのは、こうした潜在意識が働いているからなのだ。

そのため、喫茶店への食事メニューの導入には、業態変更（喫茶店からレストランへ）を決断するくらいの改善が要求されることになる。

そのためには、レストランのメニューに劣らない、高い付加価値の追求が行なわれなければならないが、一般的な喫茶店のメニュー内容は、スパゲッティ、ピザ、ピラフ、焼そば、フライ類などにパターン化され、独自性に欠けているのが現状となっている。

●一品の専門化により、付加価値を高める

福井市にあるB店は、喫茶店からレストランへ業態変更したが、ハンバーグを主力に据えることで成功した。ハンバーグは、競合するファミリーレストランでも売れ筋商品だが、あえてそれを主力に据えたのは、〝専門店化〟することによって、店の個性が打ち出せるからである。

つまり、お客に対して、「同じハンバーグなら専門店の方が……」と思わせることができ、それが〝安心感〟にもつながっていくのである。

また、ハンバーグだけに絞ることで、専門の調理人を雇う必要がなくなり、経営者自身が〝手作り〟で提供できることも大きい。人件費を抑えられるうえに、お客には〝本格さ〟で満足感が与えられるからである。

このように、小規模店は「何でも屋」になるのではなく、一品の専門化によって付加価値を高めることが重要なのだ。

＊＊＊ 名物一品づくりへのステップ ＊＊＊

7. 販売促進
6. メニュー表の制作
5. 値付け、ネーミングの検討と決定
4. 試作、トレーニングによる商品の完成。
味付け、色・艶、香り、盛付け、温度のチェック
3. オリジナル商品のデザイン、創造（①をテーマに）
2. 使用食材の決定と食材の流通調査
1. 店のコンセプトにふさわしい、自店が得意とする商品のピックアップ

5 「料理」と「商品」の違いを知ろう

飲食店は一般の小売店とは異なり、お客は購買から消費にいたるまでのすべてを店内ですませる。

来店の目的が飲食にある以上、料理の出来不出来によって、店の優劣が決定されるのは当然だが、「料理がおいしければ、客が入る」というわけでもないのが、飲食業のむずかしさである。

他店と比べて、料理そのものは格段に優れているわけではないにもかかわらず、大繁盛している店も少なくない。サービスや店の雰囲気も含めた総合力で、お客の心をつかんで放さないのだ。

逆に、調理師の独立開業にありがちなのが、調理技術に対する自信が強すぎて失敗するケースである。「おいしいものさえ出していれば……」という職人的な考え方で、サービスや雰囲気づくりがおろそかになってしまうのである。

●付加価値があってこそ、「商品」となる

飲食店はサービス業である。しかし、価格に見合った付加価値がなければ、サービス業とは言えない。

付加価値とは、飲食を通して得られる満足感である。同じ食べ物を扱っても、物販業である食料品店と決定的に違うのは、この点である。

ところが、単に材料を調理する「手間」を、付加価値と思い込んでいる人が少なくないのである。

食事情が貧しかった時代と違い、外食がすっかり日常化した現在、材料を加工して「家庭では味わえない料理」として提供することは、数多くある付加価値のひとつにすぎなくなっている。

それにプラスして、心温まる人的サービスや店内の雰囲気、さらには飲食するのにふさわしい清潔感などが一体となったものがなければ、お客からの支持は得られないのである。

●おいしい料理は作れても、メニューは作れない

心をこめた料理とそれを盛り付ける食器、そして言葉を添えて提供するサービス、これに自分らしさ、店らしさを加えて、初めて飲食店の「商品」となる。その商品をお客に提示するのがメニューであり、メニューの根拠とは、商品力に他ならないのである。

作った料理をメニュー表に載せれば、それが商品ということにはならない。

料理と商品の違いを知らなければ、おいしい料理は作れても、メニューは作れない、ということになってしまうのである。

＊ ＊ ＊ 「商品」は、このようにして生まれる ＊ ＊ ＊

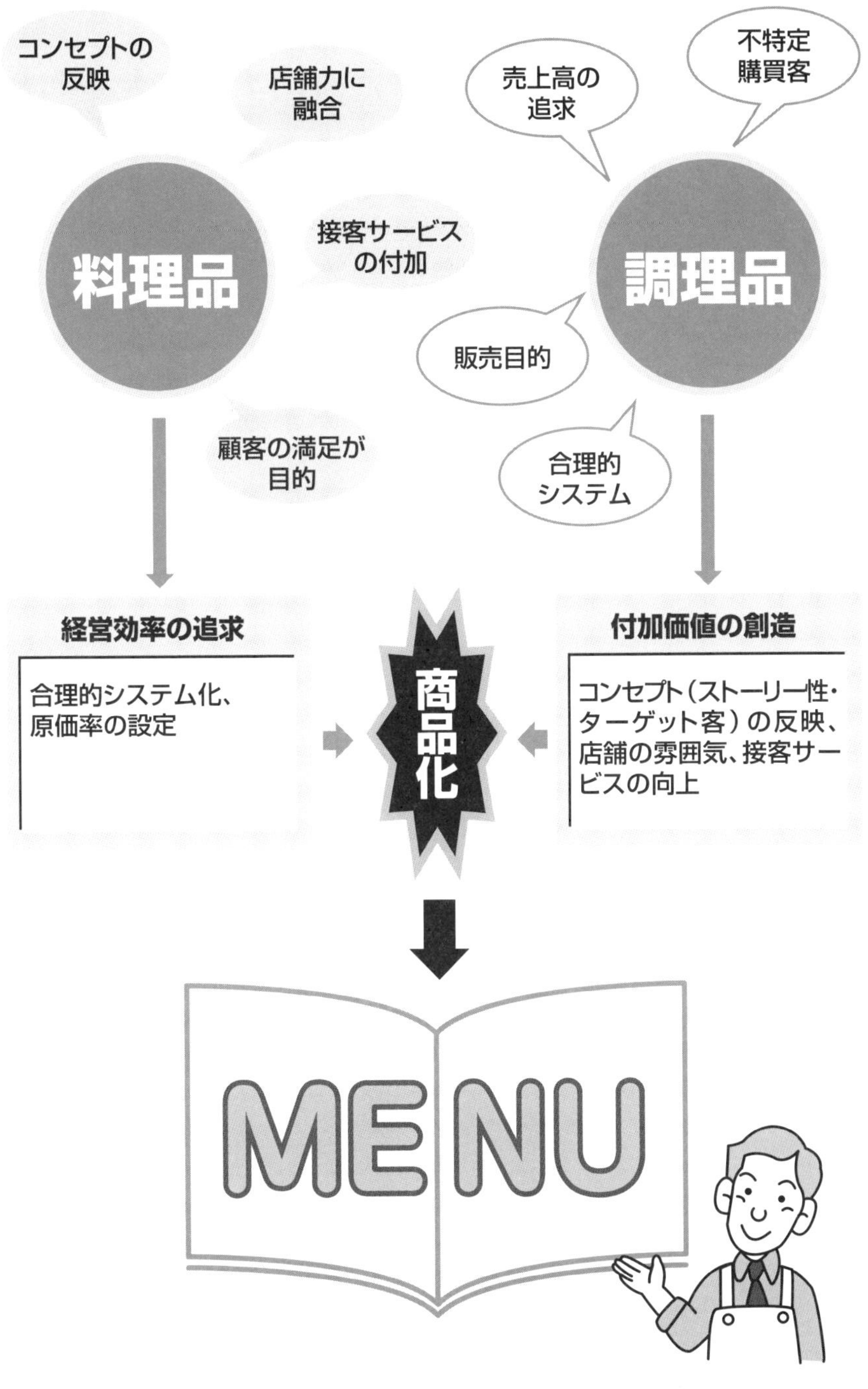

コンセプトの
反映
店舗力に
融合
売上高の
追求
不特定
購買客
料理品
接客サービス
の付加
調理品
販売目的
顧客の満足が
目的
合理的
システム
経営効率の追求
合理的システム化、
原価率の設定
商品化
付加価値の創造
コンセプト（ストーリー性・
ターゲット客）の反映、
店舗の雰囲気、接客サー
ビスの向上
MENU

＊6＊ 〝コックレス〟は、高技術者だからこそ完成する

熟練した調理人を必要としない、〝コックレス営業〟の飲食店（＊）が増えている。しかし、コックレスの飲食店といっても、熟練の調理人が腕を振るう店より、おいしい料理を出す店が増えている。

コックレス営業は、調理業務を個人の能力に頼るのではなく、全体的に単純化、標準化、専門化をめざす合理的なシステムであるため、多店化、チェーン化を図りたい飲食店にとって、大きな威力となる。また、パート・アルバイト比率が高くなることから、人件費の削減も、大きなメリットとなる。

●安易な考えでは経営危機を招く

さらに、マニュアルが不可欠となるため、新人教育が短期間ですみ、即戦力化が可能なことや、メニュー開発に柔軟性が出るため、お客の欲求やニーズに対応しやすい、といった利点もある。

ただ、最近のお客は、専門的で独自性の高い商品を好む傾向があるため、〝コックレスメニュー〟といっても、レベルの高い商品力が必要である。

コックレス営業が、新しい時代の飲食店経営の大きなテーマとなっていることは間違いないが、安易な考えでこれを実施すると、逆に経営危機を招く恐れもあるから要注意だ。

●料理の品質をいかに高め、維持するか

コックレス営業の問題点を列挙していくと、以下のようになる。

・メニューの1品1品をていねいに調理しないと、粗悪な商品になりやすい
・高いレベルのマニュアルを完成していないと、低いレベルの商品によって、客離れを招く恐れがある
・季節感や旬の素材を活かした商品開発がむずかしく、飽きられやすい
・調理の原理・原則が理解できていないと、素材の組み合わせや調味料の使い方、調理工程などが不適切になり、商品力が落ちる
・マニュアル重視になりやすく、風味や色、艶、香りなどの見栄えのよさが疎かになりやすい

コックレス飲食店は、料理が、お客の欲求に対応できる内容であれば有望な業態であるため、料理の品質をいかに高め、維持するかが、成功のカギとなる。

＊コックレス営業に適した店として、ファーストフード店、移動営業店舗、立ち食いうどん・そば店、フランチャイズチェーン店、その他、小規模な専門店などがある。

＊＊＊ コックレス営業の確立 ＊＊＊

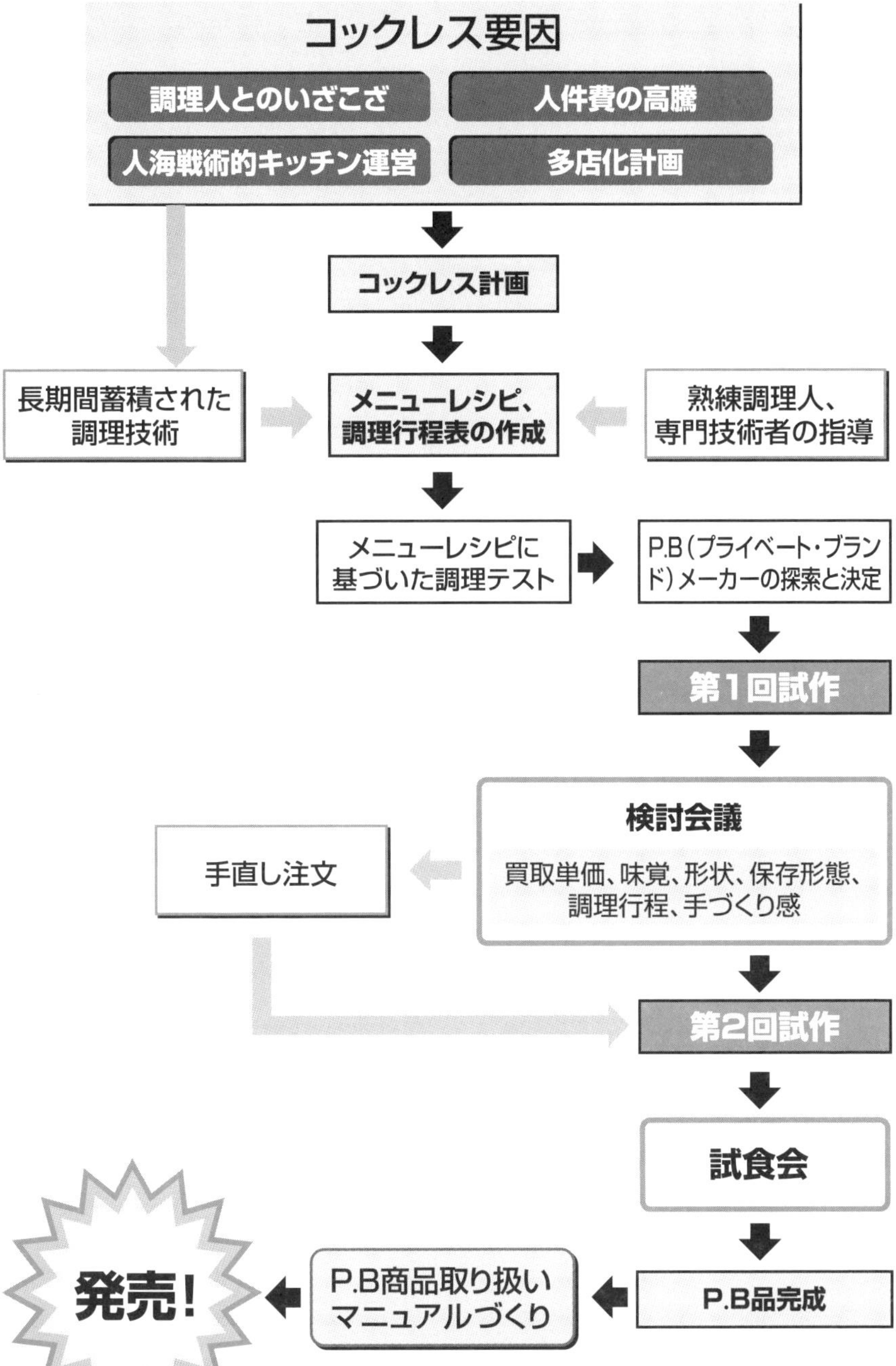

＊P.B（プライベート・ブランド）＝自社が開発した商品を、生産を委託して製造した商品のブランド

7 粗利は、率にこだわるな

商売における「儲け」とは、売上げからすべての経費（店を経営するために必要な支出）を差し引いた純利益を言う。

飲食店の経費は、次の4つに分類できる。

・原料費（料理をつくるために仕入れる材料代）
・人件費（料理をつくる人、接客する人の給料）
・諸経費（ガス・電気・水道などの光熱費や雑費）
・固定費（地代・家賃、リース料など）

●「売上げ=利益」ではない

このうち、売上げから原料（食材）費を差し引いた残高を粗利益と言い、これで固定費や変動費を賄うことができれば、経営は赤字にはならない。他のビジネスと比べても、飲食店の粗利益率は群を抜いて高く、平均して65～70%前後となっている。

しかし、長引く景気低迷のあおりを受けて、多くの飲食店が売上ダウンに直面しており、粗利益率が60%を割り込む店も増えている。これでは利益は出ないし、家賃さえ満足に払えない。

したがって、売上げを上げることに躍起となるわけだが、今や価格破壊の時代である。売上げが、利益に結びつかなくなっているのが現状である。経営においては、利益の確保が第一となるため、利益の減少や赤字経営は、店にとって深刻な問題となる。

しかし今こそ、「売上げ=利益」ではないことを理解して、多方面に目を向けた、堅実な経営をめざすべきである。

そのためには、コスト（原料費、人件費、諸経費）管理が重要である。飲食店の場合、高い原価率が、必ずしも高付加価値につながらない。

また、料理のおいしさとは、必ずしも材料の値段と一致するものでもない。仕入れの工夫や調理技術、あるいは副材料の使い方によって、大きく違ってくるのである。

●食材の仕入れを工夫する

中小店の場合、メニューに使用する食材については、食材業者だけに頼らず、自分自身で市場に出かけていって仕入れたり、食材によっては、スーパーなどで仕入れることを考えるべきである。よい材料を、いかに安く仕入れるかという地道な努力が、〝儲かる体質〟をつくるのである。

購入した食材すべてを料理に使用できれば、儲けは増える。だから、腐敗しにくく、歩留りのよい（廃棄する部分を差し引いた残りが多い）、使用回転率の高い（いろいろなメニューに使える）食材を吟味、選択することが大切である。

＊＊＊ 利益の構造 ＊＊＊

【損益分岐点から見た経費と利益の関係】

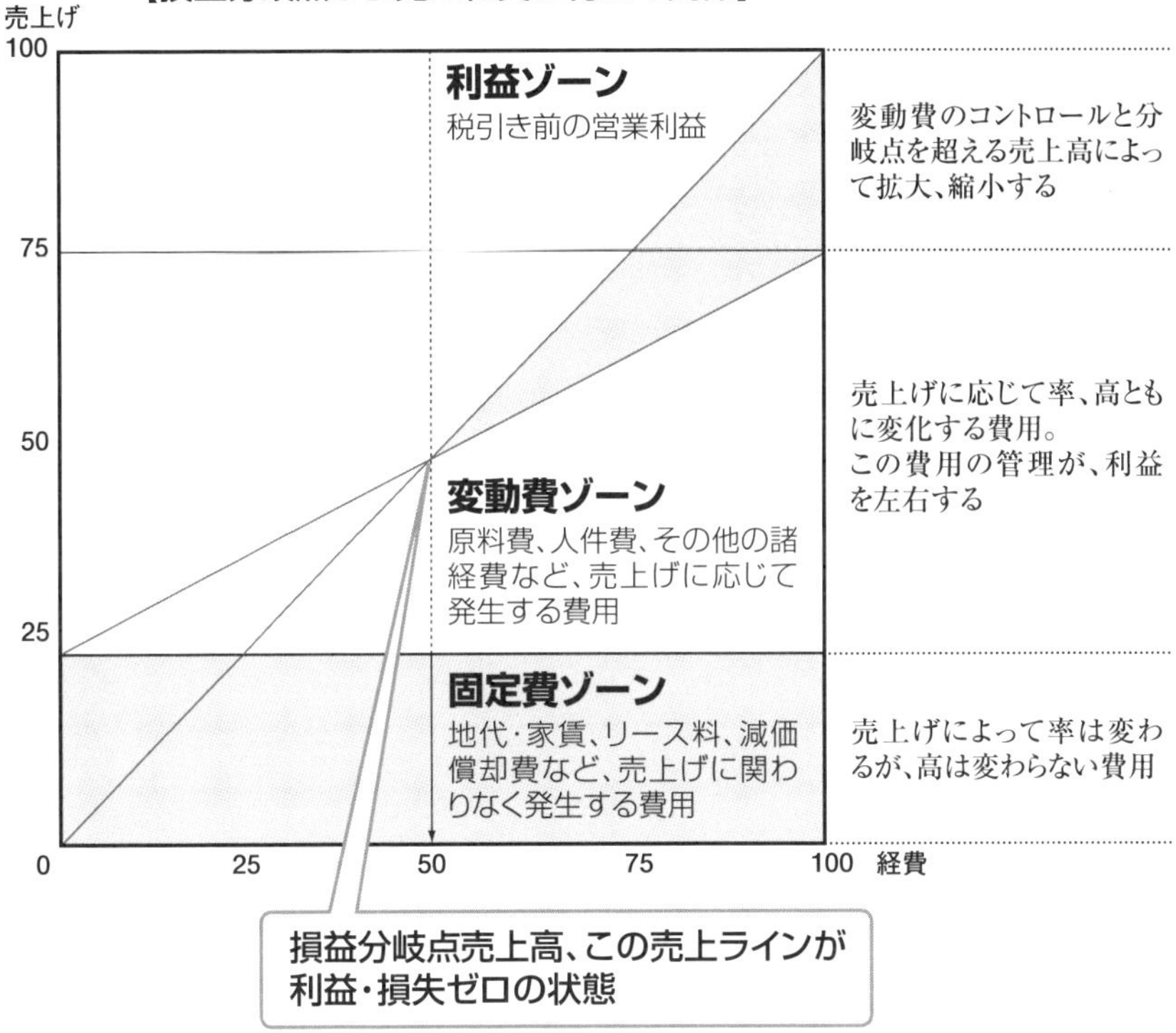

【粗利益の率と高】

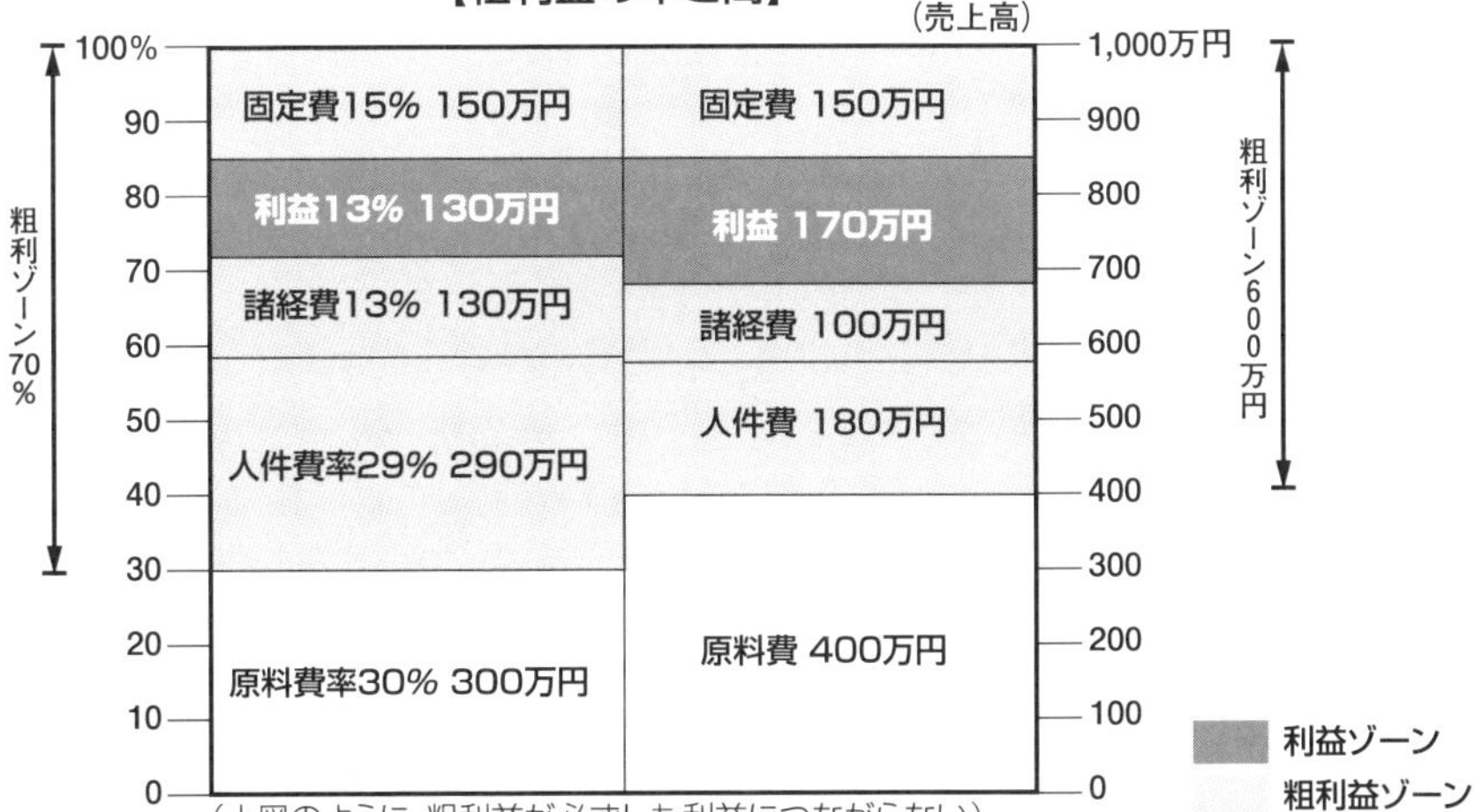

（上図のように、粗利益が必ずしも利益につながらない）

8 〝思い込みメニュー〟は失敗の元

他店との競合激化に対処するためにも、独自のメニュー開発による差別化は、今後さらに、重要性を増してくるはずである。

そうしたなかで、「ウチは、これが売り物」という主力メニューのある店なら、その「売り物」の素材や技術を活かした新しいメニューを開発することで、差別化がしやすいはずである。

ここで注意しなければならないことは、経営者の〝思い込みメニュー〟である。差別化とは、単に競合店と違うメニューを出すということではない。お客が何を欲し、店側がそれにどれだけ応えられるか、つまり、お客のニーズをつかむということが根底になければならないのである。

●小手先だけの安易な販促は危険

中小規模店は、経営者の個性を反映させたり、メニューの独自性をアピールする戦略が重要だが、そのこだわりが、お客の欲求や生活スタイルからズレていたのでは、お客の喜びにはつながらない。

「おいしいものさえ出していれば」という職人的な考え方だけでは、常に変化するお客のニーズをつかむことはできないのである。

とはいうものの、小手先だけの安易な販促では、今のお客をつかむことはむずかしく、かえって経営不振を招く危険性もある。店づくり全体とのバランスをとりながら、お客のニーズ、収益性、付加価値など、さまざまな条件を考えなければならない。いくら、苦労を重ねてつくり上げた商品で、おいしいと思っている料理であっても、お客に気に入ってもらうことができなければ、売れないからである。

●個よりも、大衆に視点を置き換える

したがって、メニュー開発のポイントは、個よりも、大衆に視点を置き換えることが必要となってくる。とくに、お客が今、何を求めているかを探らなければならない。

たとえば、

・簡単に食べられ、便利に利用できるメニュー
・日常食として、いつでも利用できるメニュー
・美容と健康に気遣ったメニュー
・手頃な値段で食べられるメニュー
・他店には見られない、差別化されたメニュー
・時代を反映したトレンディーなメニュー
・ホームメイド&自然食志向のメニュー

など、あらゆる角度から検討することが大切である。

＊ ＊ ＊ 小規模店のメニュー開発と販促 ＊ ＊ ＊

メニュー特性 ／ 販売特性

いつ売るのか

メニュー特性

- 四季別
- 月別
- 曜日別
- 時間帯別

販売特性

一定の曜日、時間を決めて売る

誰に売るのか

メニュー特性

- 地域別客
- 世代別客
- 性別客
- 職業別客

販売特性

一般大衆客が、
もっとも利用頻度が高い

何を売るのか

メニュー特性

- コンセプト商品
- 大衆品
- 時流品
- オリジナル品
- 健康志向品
- 嗜好品

販売特性

コンセプト商品（名物、
独自商品）を通年で、

どう売るのか

メニュー特性

- グランドメニュー
- 差し込みメニュー
- POPメニュー
- スタンドメニュー
- 黒板メニュー
- サンプル

販売特性

クチコミを中心に、年に1回程
度の宣伝・広告。
日常的にはグランドメニュー
やPOPでアピール

9 メニュー戦略は、「長期」と「短期」に分けて考えよう

飲食業の経験が長い人ほど、メニュー開発が硬直化し、お客の需要を取り違えやすい。これを防ぐためには、今のお客の欲求を的確につかみ、時流に沿った提案を加えていきながらメニュー開発することがポイントとなってくる。しかし、メニュー開発を安易にとらえて、トレンドのみに走ることは危険である。

愛知県N市にある中華ファミリーレストランチェーンH店は、バブル時代をピークとして、6店舗11億円という年商を誇っていた。社長のN氏は、企業の独自性を打ち出す絶好のチャンスと判断し、勢いにまかせて新業態の出店を決意した。「ヨーロピアン中華」として、店内インテリアはイタリア風で、食器はフランス風と、まったく中華色が感じられない、欧風スタイルの中華レストランだった。

メニューを、「長期」と「短期」に分けて売る

調理人不足を補うため、台湾から若い調理人を招いて教育したが、開店後まもなく客数は減少し、結局、撤退を余儀なくされた。近所の評判によると、「おいしくない」という意見がほとんどだった。

この店の失敗は、出店計画段階におけるメニュー開発のミスと言える。経営者が自己満足に走りすぎ、地域のお客のニーズをとらえていなかったのだ。

飲食店経営における「メニュー戦略」を進めていくうえで、メニューを「長期」と「短期」に分けて売ることが重要となってくる。

長期メニューとは、常時売っているグランドメニューのことで、本来、店が何を売りたいのかということを、お客にはっきりと主張するメニューである。

一方、短期メニューとは、お客のニーズの変化に、迅速に、小刻みに対応していくメニューで、季節メニュー、販促イベントメニュー、日替わりメニューなどを言う。

また、経営の効率化を狙って、グランドメニューの中から集中販売するランチメニューなども、「短期メニュー」のひとつである。

それぞれの目的を理解して変更する

グランドメニューがしっかりしている店でも、季節や流行によって、お客の来店頻度が低下する場合がある。そこで、短期メニューによって、変化するお客のニーズをカバーするのである。お客の嗜好の変化を、的確につかむことはむずかしいが、ただ単にメニューを定期的に変更するだけでは、意味がないことも知っておくべきだろう。

＊＊＊ 短期的メニューと長期的メニュー戦略 ＊＊＊

商品群	非日常商品	おすすめ商品	メイン商品	お値打ち商品	お買得商品	チョイス商品
期間	**短期**	**短期**	**長期**	**短期**	**短期**	**短期**
メニューの種類	差し込みメニュー	黒板メニュー	グランドメニュー	差し込みメニュー	ＰＯＰメニュー	スタンドメニュー
商品戦略	ぜいたく志向／非日常商品	時流志向／タイムリー商品	生活、ファッション、アメニティ志向／コンセプト商品	付加価値志向／名物商品	大衆志向／イベント商品	簡便志向／衝動買い商品

グランドメニューの商品構成

ごちそう商品	タイムリー商品	メイン商品	お買得商品	お値打ち商品	チョイス商品
15%	15%	30%	10%	20%	10%

10

〝差し込みメニュー〟で経費削減を狙おう

季節商品、期間限定商品、特別催事商品といった短期メニューは文字どおり、短命で変化の多い商品であるため、グランドメニューに掲載することはむずかしい。

しかし店側としては、その時期にとくに売りたい商品であるため、お客の注目を集める手段が必要になってくる。そのためのメニューが、〝差し込みメニュー〟である。

グランドメニューに差し込むことで、特別であることを印象づけるのだ。メニューブックからはみ出す長さにすれば、注目率はグーンとアップする。POP式、テーブルスタンド（衝立式）メニューと併用すれば、より効果的だろう。

調理の合理化を行なう

お客はメニューに、いつも新しさや珍しさを求めているわけではない。その店で日常的、習慣的に食べるメニューがあったうえで、別のメニューも食べてみたくなるものなのだ。そして、それが気に入れば、新しい日常的な人気メニューになっていく。

差し込みメニューによって、経費の削減を図ることができる。たとえば、調理の合理化である。

ランチメニューなどは短時間集中営業だから、あらかじめ「食材の一次加工」（できるかぎりの仕込み）が大切で、野菜類はカットしておき、時間のかかるものは、煮込んだり蒸しておく。刺身なども、恒温冷蔵庫などがあれば盛り付けておく、といった具合である。

また、夜の営業で使い残した刺身用魚を味噌焼きや照り焼き、フライなどにしておくことで、ランチメニューにすることもできるのだ。

食材のロスを〝一掃〟できる

こうして、厨房作業の効率化、スピード化を図ることによって、商品提供時間の短縮が可能となり、経費の削減と同時に、売上げの増大にもつながる。

飲食店の冷蔵庫には、実に多種多様な材料がある。ランチは通常、〝おまかせ〟的な料理が少なくないため、冷蔵庫の「掃除」的な意味も発生する。調理には、どうしてもロスが出るため、まさに〝一石二鳥〟となる。

もちろん、やみくもに材料を使えばよいというわけではない。きちんとした調理常識をわきまえていないと、とんでもない料理ができあがってしまうから、要注意である。

経営者として、お客に飽きられないメニューを常に考えておくことは、永遠の課題でもある。そこでメニューの改正は、少なくとも年1回の割合で実施することが望ましいだろう。

＊＊＊ メニューによる経費削減パターン ＊＊＊

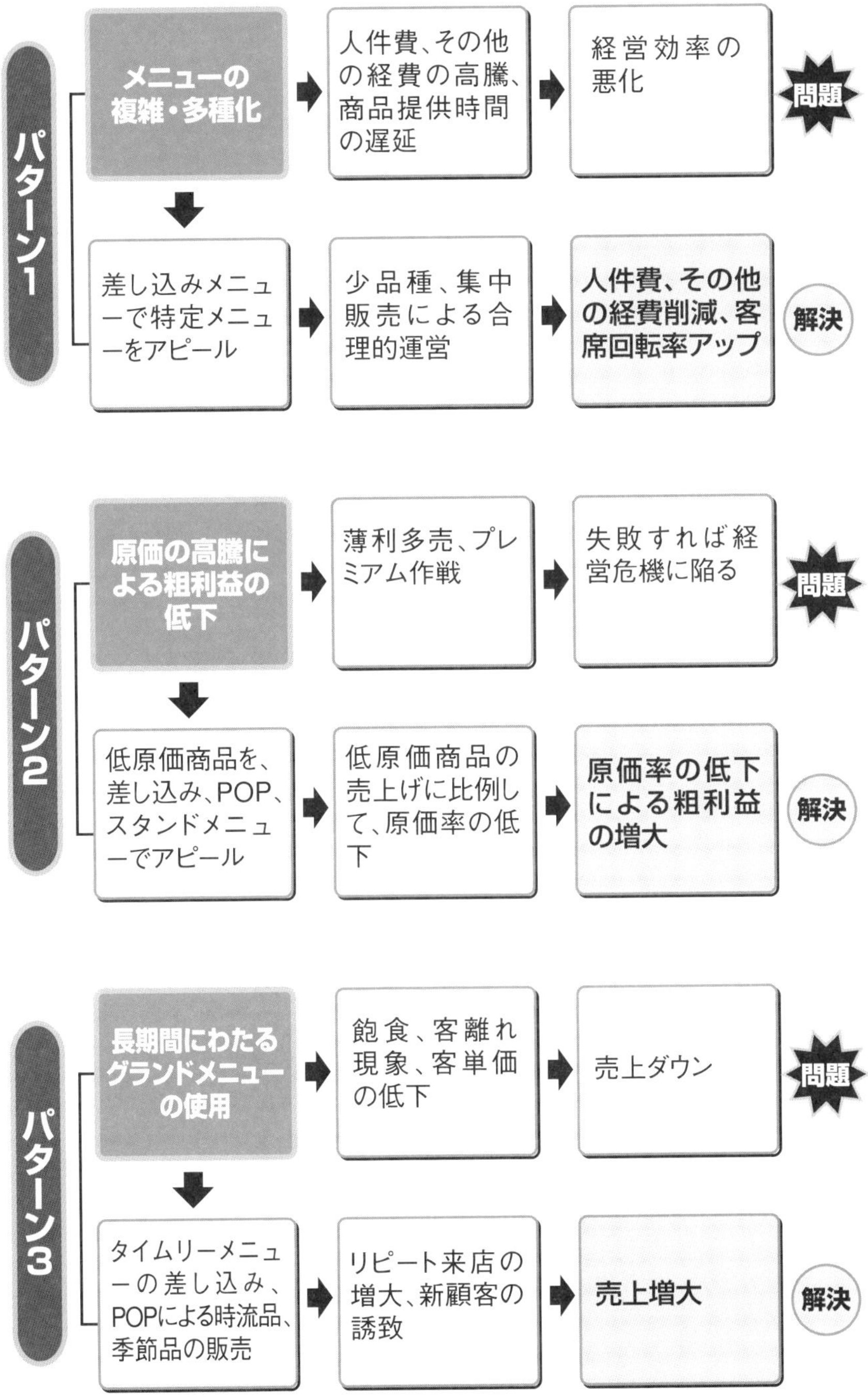
パターン1
メニューの複雑・多種化
人件費、その他の経費の高騰、商品提供時間の遅延
経営効率の悪化
問題
差し込みメニューで特定メニューをアピール
少品種、集中販売による合理的運営
人件費、その他の経費削減、客席回転率アップ
解決
パターン2
原価の高騰による粗利益の低下
薄利多売、プレミアム作戦
失敗すれば経営危機に陥る
問題
低原価商品を、差し込み、POP、スタンドメニューでアピール
低原価商品の売上げに比例して、原価率の低下
原価率の低下による粗利益の増大
解決
パターン3
長期間にわたるグランドメニューの使用
飽食、客離れ現象、客単価の低下
売上ダウン
問題
タイムリーメニューの差し込み、POPによる時流品、季節品の販売
リピート来店の増大、新顧客の誘致
売上増大
解決

コラム

＊一品が売れれば、メニューなんて要らない＊

私は、全国のいろいろな店のメニューを見て歩いている。そこでいつも思うことは、この中のある一品が、経営のすべてを満たすほど売れていれば、メニューなんて要らないのではないか、ということである。

しかし、「もっと売れれば」、「もっと儲けなければ」という不安と強欲さを持つ経営者の思いが、メニューの数を増やしてしまうのである。「飲食店の数がこれだけあるなら、一店が一品を売り切ることによって、すべての飲食店経営が十分に成り立つだろうに……」――このようなことを考えながらメニューづくりのお手伝いをしていると、どうしても、調理人時代の自分自身に置き換えてみるケースが多くなる。

もし自分が、毎日毎日、同じ料理をつくっているとしたら、仕事に飽きるだろう。やはり、いろいろなメニューをつくって、お客に食べてほしくなるだろう……と。

だから、いろいろな調理人と出会うたびに考えさせられる。「彼らは、本当に調理が好きなのだろうか。好きなら、なぜもっと、自分流の料理を生み出さないのだろう。忙しすぎるのだろうか、経営者がそこまで調理人を管理しているのか……」などなど。

しかし調理人は、常に自信と輝きがほしいものである。お客が、その店の料理に感動・感激する。そして、経営者の喜ぶ顔が、調理人に向けられる。

誰にでも、人生の中で忘れられない「味」が、いくつかあるに違いない。その味は、決して高級料理や特別な料理の味ばかりではないはずだ。さびれた田舎で、農婦がごちそうしてくれた山菜料理、漁師がつくってくれた塩辛、旅先で出会った名産素材など、自然とその料理の味が、実にうまく融合した味ではなかっただろうか。そのときの自然感が、その「味」の記憶を、いつまでも忘れさせないのだろう。

「そんな一品があれば！」と、いくら力んでみたところで、調理人にできる技ではない。悔しいが、自然には勝てないのである。

とくに、忘れられない味を生むには、決しておいしい料理をつくろうなどと考えないことである。料理をつくることより、自然と調和した料理を楽しんだ方がうまくいく。情緒不安な世の中だからこそ、人の心が癒せるような一品を生むことができれば、きっと店の名物料理になるに違いないだろう。

3章

メニュー分析と改善は、ここがポイント

1

「売れ筋商品」を持とう

飲食店のメニューには2種類ある。それは、「売上げに貢献するメニュー」と「利益に貢献するメニュー」である。

前者は、原価をかけて、お客の満足感を高めて客数を増やし、ひいては売上げを伸ばす〝売れるメニュー〟である。後者は逆に、原価を抑えて、売れた分が、すぐに店の利益となる〝儲かるメニュー〟である。

この2種類のメニューは天秤の両端に位置し、このどちらに傾いても、経営の安定は望めない。しかし、経営者の多くは、このどちらかに偏ったメニューづくりをしがちである。「売上げ」側に傾けば、いくら売れても儲からないということになり、「利益」側に傾けば、厳しい目を持つお客にそっぽを向かれてしまうことにもなりかねない。

〝売れるメニュー〟と〝儲かるメニュー〟

しかし、どっちつかずのメニューを揃えればいい、ということでもない。大切なことは、両者のバランスである。〝売上貢献メニュー〟で客数と売上げを上げながら、〝利益貢献メニュー〟で店の利益の確保を図るべきなのである。

つまり、お客側の満足と経営側の利益を分けて考え、それらをうまく組み合わせていくことが、メニューづくりの基本となるのである。

喫茶店のモーニングセットやランチタイムの定食は〝売上貢献メニュー〟の典型であり、高客単価が狙える夜のディナーは、〝利益貢献メニュー〟の最たるものである。

しかし、売上げを上げ、かつ利益を確保できるのが「看板商品」で、その意味でも、お客をぐっと引きつける商品力のある「売れ筋商品」を持つことは、繁盛店づくりの基本と言っていいだろう。

メニューの〝限界〟を知ること

メニューづくりはまず、自分の店では何が提供できるのか、すなわち、自店の強みと限界をよく認識したうえで、取りかかるべきである。メニューには限界がある。いくら努力をしたところで、お客が欲しがっているものすべてを、メニューに載せることは不可能だからである。

したがって、メニューに載せる商品の種類と数は、お客が求めているもので、かつ自店で提供できるものだけにするべきである。

どんなに他店で売れていても、自店に能力や技術がなければ、間違っても導入すべきではない。それをしてしまうと、一時的には集客できても、結果的には、店の信用をなくすことになるからである。

＊＊＊「売れるメニュー」と「儲かるメニュー」の違い＊＊＊

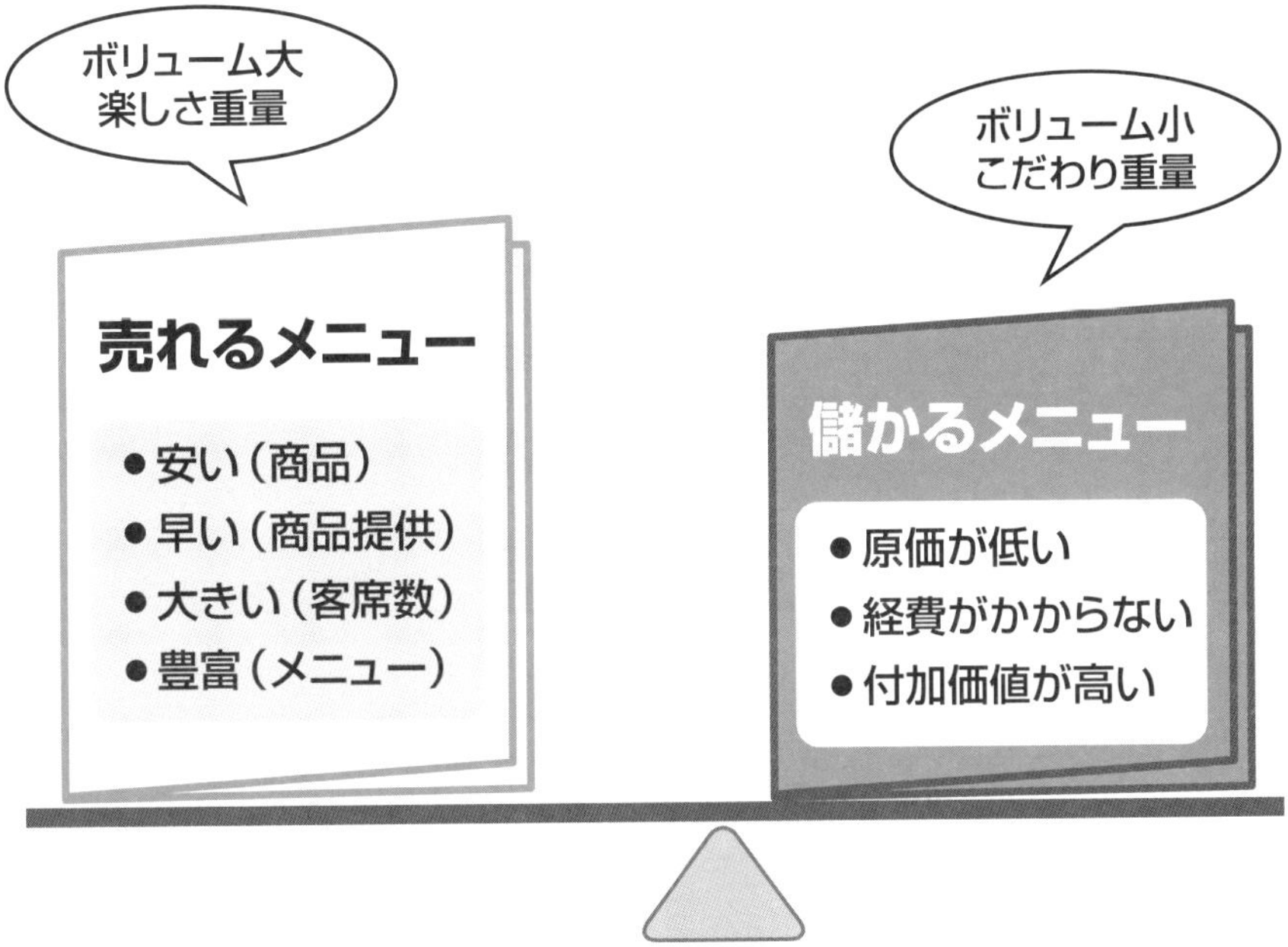

＊＊＊売上げと利益のバランス表＊＊＊

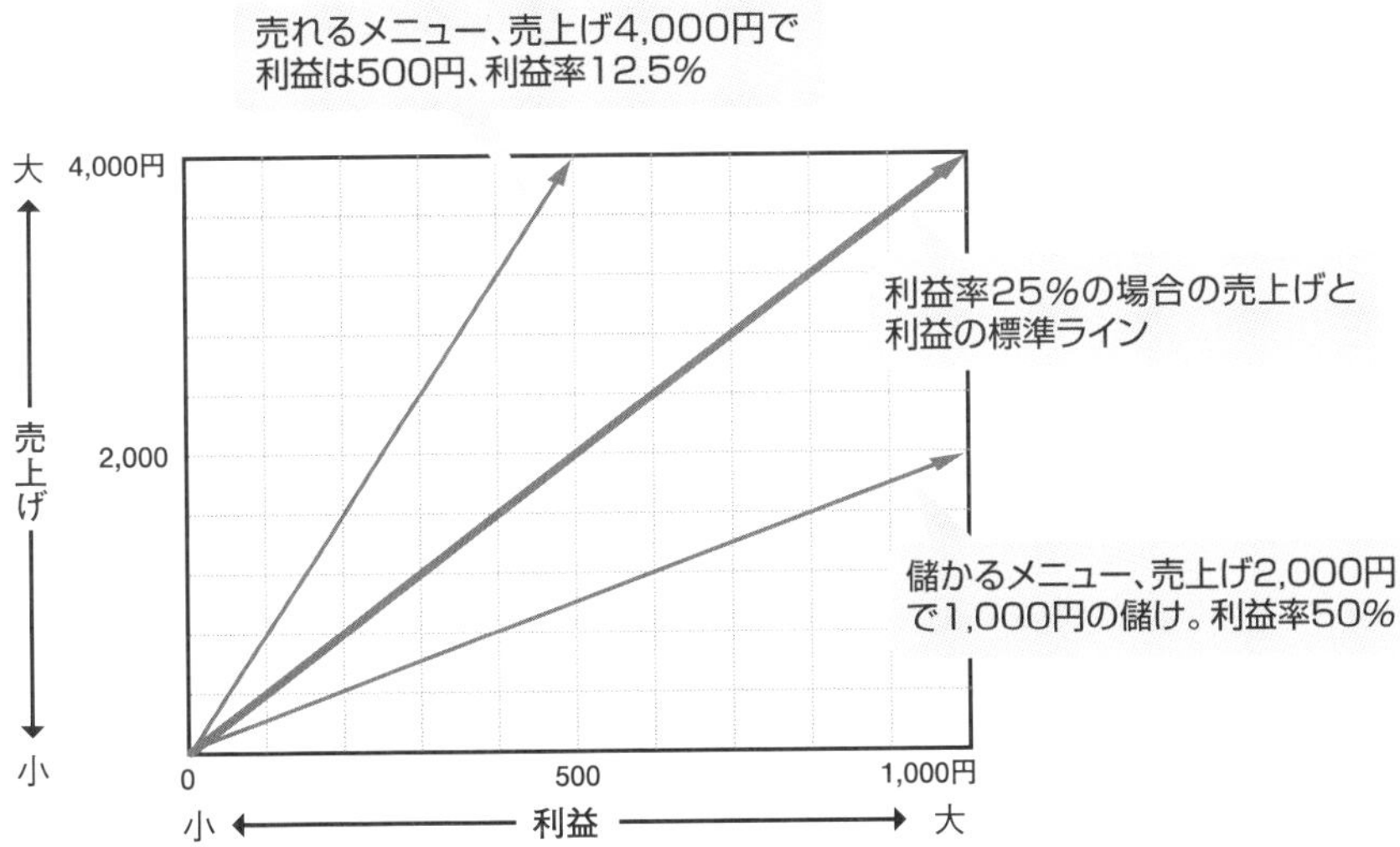

この例の場合、売上げ6,000円（売れるメニュー4,000円、儲かるメニュー2,000円）で利益は1,500円（利益率25%）となり、標準メニューと同等の利益が得られる。しかし、標準売上げより、売上げが2,000円多い分、それだけ早く食材が回転する

2

経営に貢献する看板商品を開発しよう

すばらしい商品があるにもかかわらず、経営者自身がそれに気づかず、メニューに埋もれたままになっているケースがある。実にもったいない話である。「看板商品がない」と嘆く前に、店の商品1品1品を、もう一度、よく見直してみるべきだろう。

とくに、「これがウチの売り物です」と言える商品があるなら、その素材や技術を活かした、新しい主力メニューを開発することを、最優先に考えるべきである。

●メニューに埋もれていた商品に着目

愛知県蒲郡市にある「うなぎ食事処　やま六」（店舗面積70坪、客席78席）は、創業明治45年という老舗のうなぎ料理店だが、過疎化が進む商店街の一角に立地し、バブル以後は、売上げが伸び悩んでいた。

そこで、店の売上げの柱となる、新しいメニューの開発に取り組むことになった。地元客をターゲットとし、価格を低く抑え、かつ長年継承してきたうなぎ料理にこだわるといった条件を勘案した結果、開発のコンセプトを「大衆が求める、日常的なうなぎ料理」とすることに決定した。そして、その条件を満たす商品として、「うなぎ釜めし」を開発した。

実を言うと、この商品は、それまでも出していたのだが、売上面ではあまり貢献していなかった。

そこで、味、ボリューム、形態、価格などを根本的に見直すことから始めた。味付けは、薄味だったものを、地元客の嗜好に合わせて、うなぎダレを使用した濃いものにし、お茶漬けにしても食べられるように工夫した。さらに、〝ごちそう感〟を出すため、釜めしの御膳メニューも同時に開発した。

●原価率のコントロールにも成功

一般的にうなぎ料理店は、蒲焼、うな重、うな丼の3品が売れ筋メニューであるため、お客は飽きやすく、来店サイクルが長くなりがちだ。

しかし同店は、「うなぎ釜めし」料理の導入によって、食事メニューの幅を拡大した。その結果、利用サイクルが短縮され、売上増大に成功したのである。

また、仕入れ努力によって、原価率も34％ラインに定着。新メニューの開発によって、売上アップと原価率のコントロールに成功した「やま六」は、予想を上回る経営成果を上げることに成功した。

自店の〝売り物メニュー〟の素材を活かし、さらにお客になじみやすい一品として完成させたことが、同店の勝因と言えるだろう。

＊＊＊ 経営貢献をめざすメニュー改善マトリックス ＊＊＊

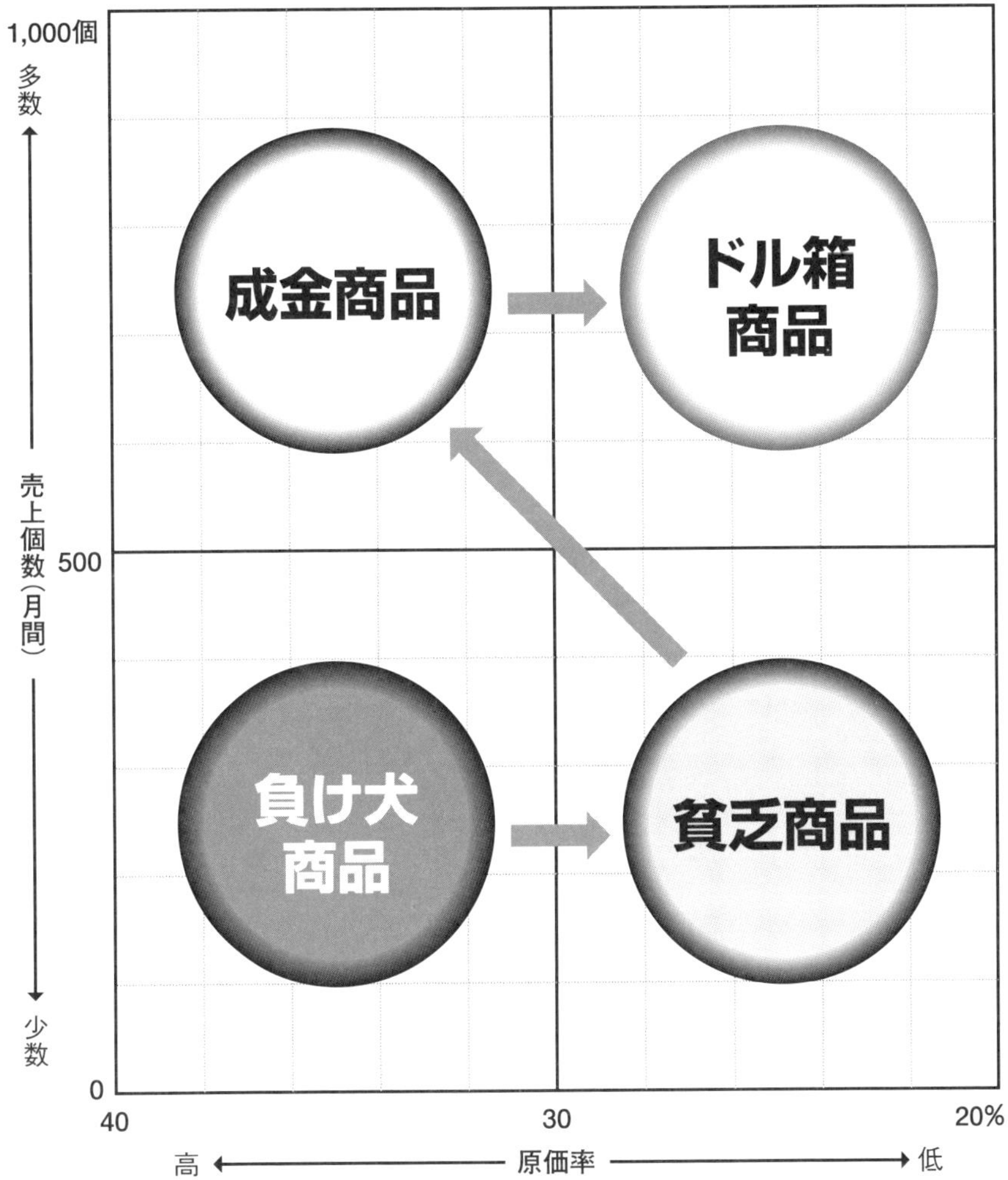

- ドル箱ゾーンは原価率が低く、売上げが多い、店の重要商品
- 成金ゾーンは、原価率が高いものの売上げも多い、人気商品
- 貧乏ゾーンは、原価率が低いうえに売上げも少ない、利益貢献商品
- 負け犬ゾーンは、原価率が高く、売上げが少ない、問題商品

それぞれのゾーンが段階的に、ドル箱ゾーンをめざしてステップアップ改善。負け犬ゾーンは、メニューの入れ替えも要検討

3 粗利益の高い商品は何か？

飲食店の場合、原価のかかった商品と、お客が求めるお値打ち感は、必ずしも一致しない場合があるが、このことに気づいていない経営者は少なくない。

原価をかければ当然、儲けは少なくなる。いくら売れても、儲けが出なければ経営を続けていくことはできない。売上げを求めるあまり、原価をかけすぎて赤字経営に陥っている店も多いのである。

売れているのに儲からない原因は、メニューづくりの無計画さにある。したがって、原価率を引き下げるためには、自店のメニューを分析して、経営体質（原料費、人件費、諸経費の合計）に基づいた利益計画を立てることが必要となってくる。

●儲けが確保しやすい、低原価商品

具体的には、原価を低くして儲けが確保しやすいメニューを導入することである。前述したように、飲食店の場合、高い原価率は、必ずしも高付加価値にはつながらない。料理のおいしさとは、必ずしも材料の値段と一致するものではないからだ。仕入れの工夫や調理技術、あるいは副材料の使い方が、高い付加価値につながることを、しっかりと認識しておくべきである。

原価が高くなる要因はさまざまだが、原価をかけた「目玉商品」に注文が集中し、全体の原価率を押し上げている場合がある。このようなケースでは、目玉商品にソフトドリンクやサラダなど、１００～３００円のプラスワン商品を用意し、追加注文を促して客単価を上げる工夫も必要である。

また、目玉商品と同じ価格帯で類似商品群（セット類、定食類などの分類）を数種類開発することで対応する。ただしこれは、低原価商品にするべきである。これによって、原価のバランスをとるのである。低原価商品は、店のおすすめ商品として、お客に積極的にアピールすることである。

●「売上げ」と「儲け」のバランス

愛知県豊橋市にあるすし店「松寿し」（店舗面積58坪、60席）は、年商1億３０００万円という繁盛店だ。「あなご」にこだわった独自の商品開発でお客の心をつかんだのだが、反面、原価率は45～50％と非常に高くなった。

そこで、原価の安いサーモン（鮭）を活用して「サーモン寿司」を開発。これを、盛り合わせのすしメニューに加えて提供しているのである。

このように、繁盛店のメニューは「売上げ」と「儲け」のバランスが、きわめて良好な状態に保たれているのである。

＊＊＊ メニュー構成別経営貢献度分析表 ＊＊＊

メニューグループ	商品数	売上個数	グループ売上高（円）	一品平均単価（円）	一品平均売上げ（円）	グループ原価（円）	グループ原価率(%)	グループ粗利益(円)
コース料理	5	300	1,050,000	3,500	210,000	241,500	0.23	808,500
一品料理	20	6,000	4,080,000	680	204,000	734,400	0.18	3,345,600
食事メニュー	8	4,800	5,184,000	1,080	648,000	1,710,720	0.33	3,473,280
酒肴メニュー	10	1,140	627,000	550	62,700	156,750	0.25	470,250
アルコール	15	4,500	2,250,000	500	150,000	787,500	0.35	1,462,500
合計	58	16,740	13,191,120	788	227,433	3,627,558	0.28	9,560,250

この分析表によって、メニュー群の改善を図る。

一品当たりの売上げ、粗利益を検討して、有利な商品群メニューを増やし、不利なメニューと入れ替える

あまり人気のない酒肴メニューは
少なくして、食事メニューを
増やそう!!
OUT
IN

4 商品構成からムダをなくそう！

長年にわたって繁盛してきた店が、商品構成を変えたところ、とたんに不振店に転落してしまったというのは、よくある話である。

したがって、メニューづくりでは、とくに品揃え、メニューの品種品目数の決め方には、細心の注意が必要である。

商品構成については、決まった基準やルールというものはない。

しかし、メニューが極端に少なければ、お客に〝選ぶ喜び〟は与えにくくなるし、逆に多すぎると、キッチンオペレーションの混乱などを招く原因ともなりやすい。

メニューの品種品目数を決める目安としては、店舗規模、営業形態、商品コンセプトなどに基づいて計画するということである。

●売れない商品はメニューから削除する

全販売商品数の中で、特定の料理が占める割合をメニュー構成比と言い、理想的なメニュー構成比とは、それぞれが、10％の売上シェアを持つ10品で構成されたものとされている。

もし、ある商品の売上げがその量に達していなかったら、お客に受け入れられていない、と理解すべきだろう。

また、総売上げの3％に満たない商品は、メニューから削除するか、他の商品と置き換えるべきである。

このような商品を残しておくと、材料在庫の回転率が落ちて経費がかさみ、仕込んだもののほとんど売れないという場合には、その品質が低下してしまうからである。

●むやみに商品の数を広げるな

メニューについて研究していくと、商品の数を広げたメニューの場合でも、その売上げは、8つなり10の商品に集中していることがわかる。

この事実は、理想的な限定メニューの売上構成比について、再認識させてくれる。

たとえばラーメン店では、モヤシそば、野菜そば、タンメン、うまにラーメン、五目うまにラーメンなどといった類似商品が多い。これらは、味や具材料が違い、その特徴も異なっていても、その種類が増えるほど、その店の一品に対する印象は薄れていってしまい、インパクトが弱まってしまうのである。

「店の一品」として決めた商品をクローズアップするためにも、意味のない総花的な類似商品は、メニューからはずすべきだろう。

＊＊＊ グランドメニューの商品構成比のとらえ方 ＊＊＊

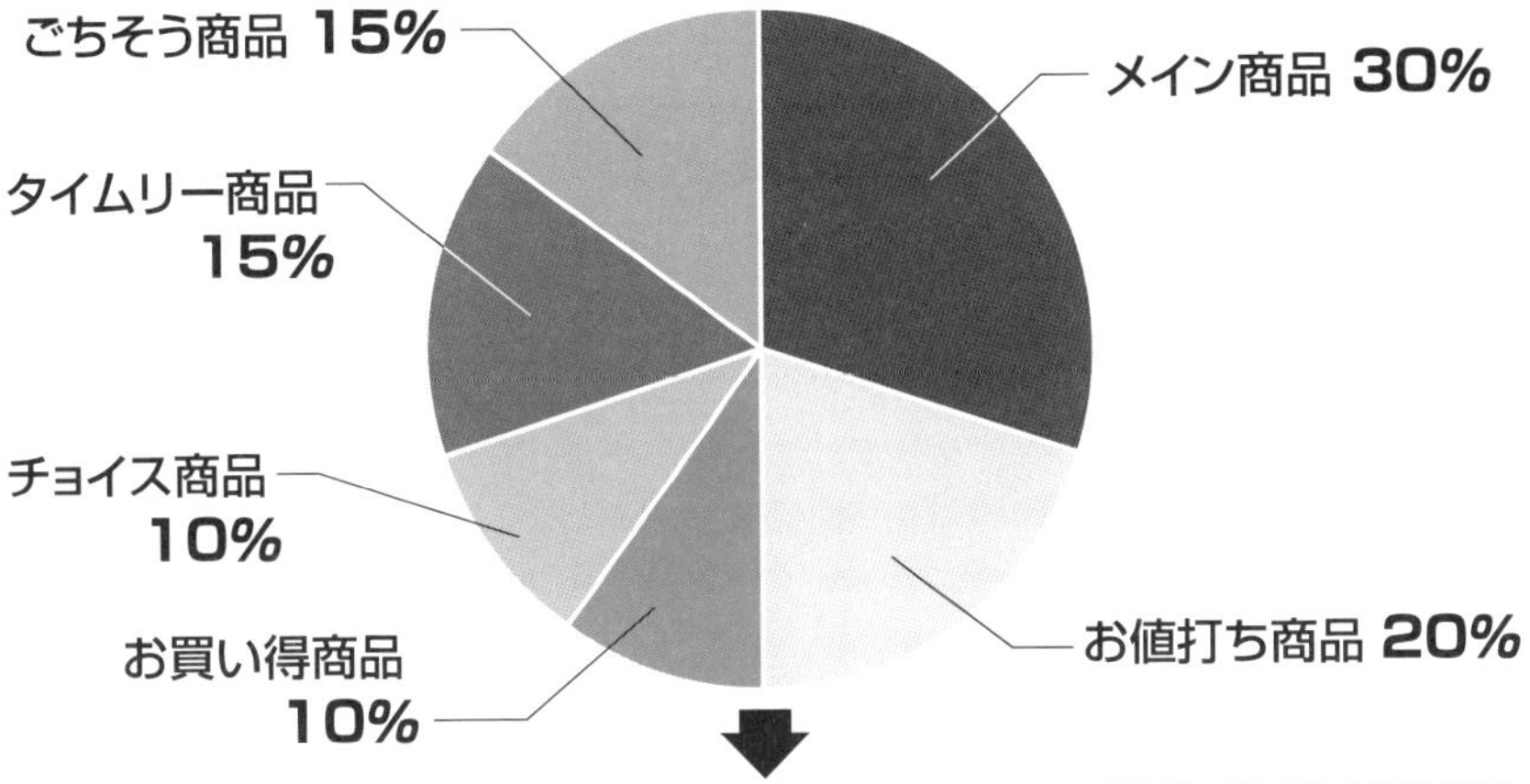

顧客の利用動機を探る

- ・ファミリーで
- ・ランチに
- ・簡便に
- ・グループで
- ・ディナーに
- ・ぜいたくに
- ・カップルで
- ・夜食に
- ・楽しく
- ・仕事で
- ・中食に
- ・トレンドとして

食材構成を決定する

- ・ムダ・無理・ロスの削減
- ・変動価格の激しい食材の排除
- ・メイン食材の仕入ルート、業者決定
- ・鮮度、材質、価格チェック

調理構成を考える

- ・単純化（作り置き、クイック調理、単純調理）
- ・標準化（熟練調理が不要、レシピ化可能）
- ・専門化（メニューの絞り込み）
- ・過重設備を避ける
- ・飽食を考えた調理バランス

調味バランスを考慮

- ・塩、甘、酸、辛のメニューバランス
- ・新しい味づくり
- ・安全・安心、健康に配慮した調味料の確保

目　的

大衆客をターゲットに、飽きられず、味のバランスがよく、売り物が明確なメニューづくり

5 価格構成から、ビジネスチャンスを探そう

飲食店経営にとって、メニューの価格を決定することは、何にもまして重大なことである。しかし、売上げと儲けのバランスや将来の展望など、さまざまな問題が含まれることから、慎重にきめ細かく検討していく必要がある。

メニューの値付けのポイントは、店の客単価を中心に置いて、高価格ラインの商品群と、低価格ラインの商品群に分類することである。その比率は、業態によって異なるが、中心価格帯50%、低価格帯30%、高価格帯20%が、一般的なラインだろう。

この価格帯の設定は、売れるメニューとなるか否かの、重要な分岐点ともなる。

●メニューの価格帯は、できるだけ絞り込む

メニューの価格帯は、店の平均客単価などのデータに基づいて、できるだけ絞り込んだ方がよい。

お客は、特定の飲食店の、特定の価格となじむものである。そして、その特定の価格について常連となると、特別な場合を除いて、決してそれより高いものにはなじまない。また、特別の場合には、それにふさわしい料理や値付けをしている、別の業態の店へ行くからだ。

経営不振になると経営者の多くは、競合店や大手チェーン店などの経営戦略が気にかかり、それを後追いしがちである。

とくに最近では、デフレ傾向によって、低価格店の利点ばかりが目につくようになってきている。

しかし、客単価による経営効果や客の動機もさまざまなため、自店の特徴を活かした客単価や価格設定が重要であり、そのようなメニューづくりに精を出すことが最善と言える。

●これからは「中間価格帯」が主流に

最近の外食利用客の欲求は、「安心価格」で「高付加価値商品」という傾向が強くなってきているため、価格の設定が重要になってきている。

しかし、バブル期に高級志向を覚えたお客が、極端な低価格志向に移行することは考えにくく、その意味でも、これからは「中間価格帯」が主流になるだろう。

たとえば、５０００円のコース料理が売れていた中華料理店の場合、いくら不況といっても、お客は２０００円の商品では満足しない。しかし、３０００円の価格で４０００円のお値打ち感があれば満足する。これが「中間価格帯」である。

さらに、これを効果的なものにするためには、お客の「クチコミ」と従業員の「おすすめ」によるセールスが不可欠となるだろう。

＊＊＊ 価格構成と商品販売戦略 ＊＊＊

（ファミリーレストランメニューの場合）

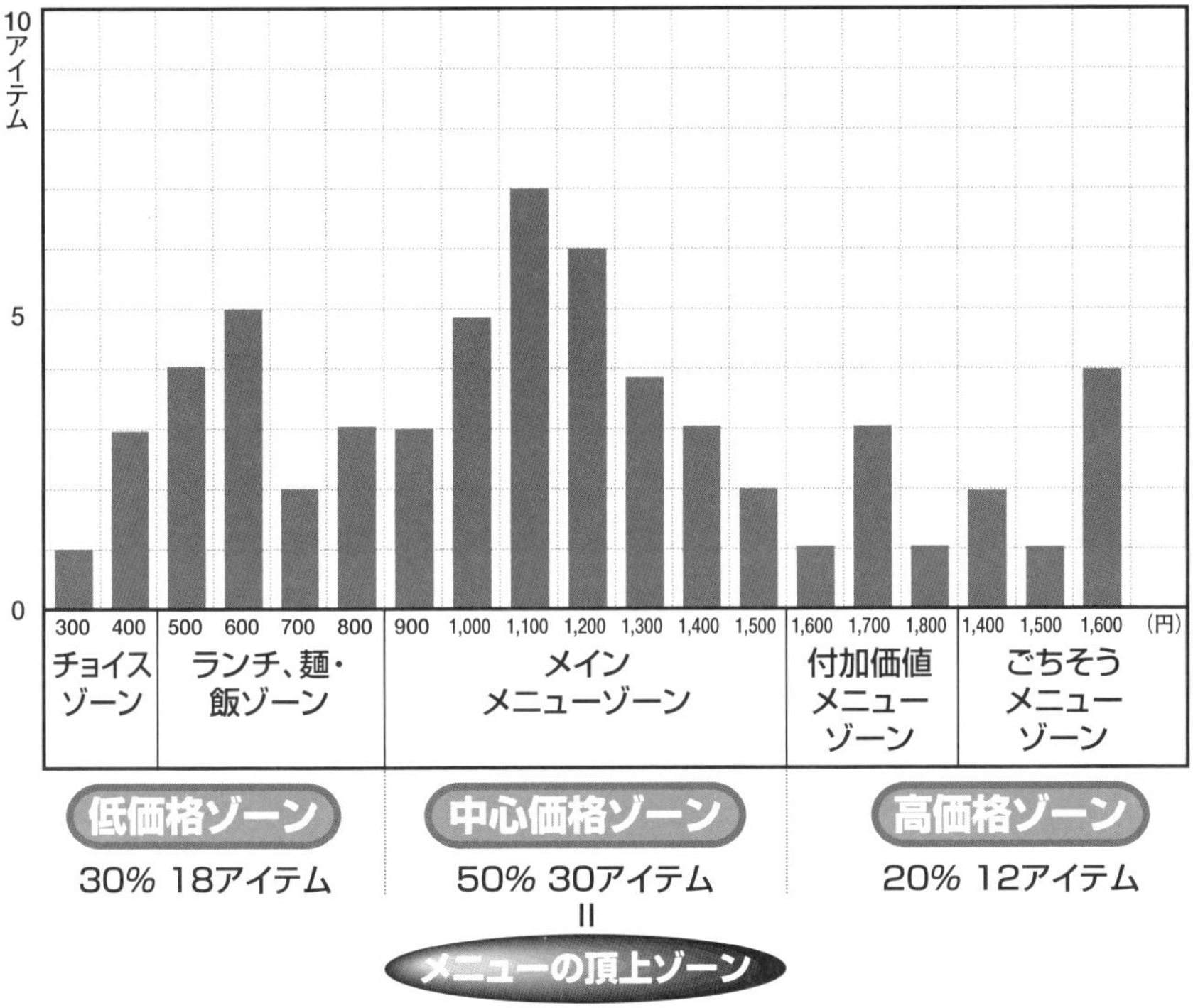
10
アイテム
5
0
300
400
500
600
700
800
900
1,000
1,100
1,200
1,300
1,400
1,500
1,600
1,700
1,800
1,400
1,500
1,600
（円）
チョイスゾーン
ランチ、麺・飯ゾーン
メインメニューゾーン
付加価値メニューゾーン
ごちそうメニューゾーン
低価格ゾーン
30% 18アイテム
中心価格ゾーン
50% 30アイテム
＝
メニューの頂上ゾーン
高価格ゾーン
20% 12アイテム

＊＊＊ 絞り込みメニューの段階式導入法 ＊＊＊

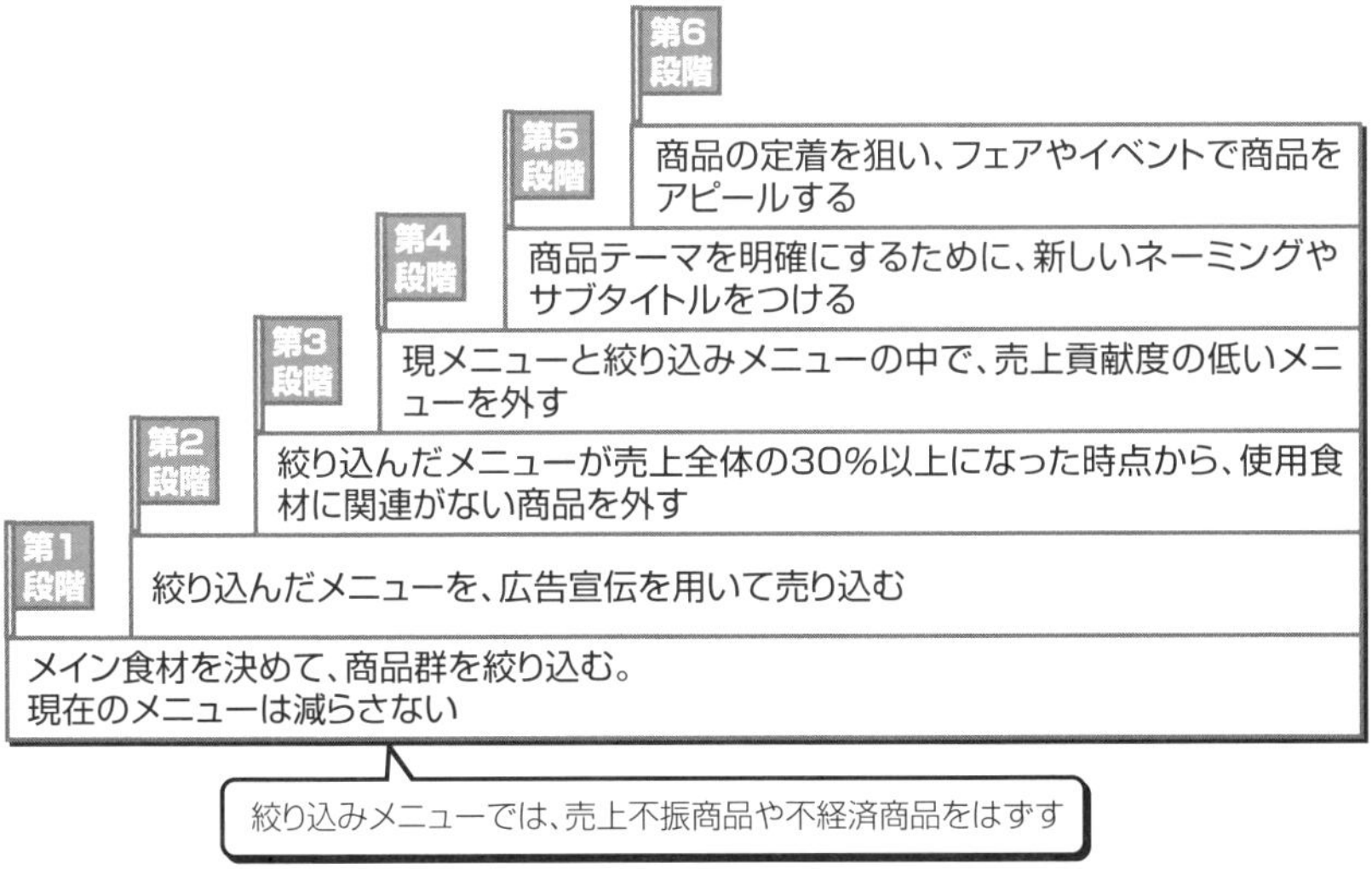
第6段階
商品の定着を狙い、フェアやイベントで商品をアピールする
第5段階
商品テーマを明確にするために、新しいネーミングやサブタイトルをつける
第4段階
現メニューと絞り込みメニューの中で、売上貢献度の低いメニューを外す
第3段階
絞り込んだメニューが売上全体の30%以上になった時点から、使用食材に関連がない商品を外す
第2段階
絞り込んだメニューを、広告宣伝を用いて売り込む
第1段階
メイン食材を決めて、商品群を絞り込む。
現在のメニューは減らさない
絞り込みメニューでは、売上不振商品や不経済商品をはずす

6 使用食材を洗い直そう

飲食店が利益を得る方法として、「原価コントロール法」がある。これは、原料の仕入れやメニュー開発、食材の管理などによってコストダウンを図り、利益を出す方法である。

言うまでもなく、原価とは仕入れ値である。よい材料を安く仕入れることによって、〝儲かる体質〟ができる。

とりわけ中小規模店は、大量仕入れによるコストダウンが困難であるため、仕入れ価格と仕入方法を見直すことによって、原料費のコストダウンを図らなければならない。

●飲食店経営の重要なキーポイント

どの食材を仕入れるかは、メニューによって決まってくる。食材の仕入れは、飲食店経営の重要なキーポイントなのだ。

この、食材の仕入れにおいては、〝どこから、いくらで〟だけでなく、〝何を〟にも注意しなければならない。メニューが決まれば、それに必要なだけの食材を常備しておかなければならないからだ。

しかし、メニューづくりの方針があいまいなままだと、必ず食材のロスが発生する。そうしたロスを放置したままでは、正確な原価率コントロールなど、できるはずがないからだ。

仕入れについて、それなりに努力をして、儲かる商品があるにもかかわらず、あまり儲かっていないという店のメニュー分析をしてみると、その原因は、ほとんどここにある場合が多い。

したがって、使用食材をもう一度洗い直し、種類を絞り込んでムダを省いていけば、原価率を削減することは、それほどむずかしいことではないだろう。

●商品と食材の組み合わせを調べる

商品と食材の組み合わせは、よく吟味する必要がある。使用頻度の高い食材がある一方で、1、2品目にしか使わない食材もあるからだ。できるだけ少ない種類の材料で、なるべく多くの料理を作ることができれば、材料のムダ使いを減らすことができる。

売れ行きの悪い商品を撤廃するとともに、1品目にしか使わない材料はカットして、使用頻度の高い材料で代替できないか、あるいは、季節変動価格が極端な食材の代用品を考えるなど、工夫する余地はいくらでもあるだろう。

経営の目安としては、人件費率と原価率を合計した数値が、対売上比率で60%以内に収まるようにすべきである。個々のメニューについては、調理加工度の高いものは原価率を低めに、低いものは高めに設定することがポイントとなってくるだろう。

＊＊＊原価管理のための食材とメニューの関係＊＊＊

メニュー 食材	使用量	原価（円）	刺身定食 （1,800円）	寿司御膳 （2,500円）	特選和定食 （3,500円）
まぐろ	50 g	200	●	●	●
ハマチ	30 g	100	●	●	
イカ	20 g	40	●	●	●
いくら	20 g	100		●	●
ウニ	10 g	60		●	
海老	1尾	120		●	
大根つま	20 g	5	●		●
パセリ		5	●		●
わさび		3	●		●
茶わん蒸し		18	●	●	
漬け物		20	●		●
ミニサラダ		40			●
炊きあわせ		60	●	●	●
寿司舎利		80		●	
ごま豆腐	50 g	100	●		●
牛ひれ	80 g	320			●
赤だし		20	●	●	●
御飯	180 g	56	●		●
フルーツ		80			●
合計原価			627円	798円	1,049円
原価率			35%	32%	30%
粗利益			1,173円	1,702円	2,451円

上表のように、使用食材をメニュー別にはめ込み、食材価格と使用分量をコントロールすることによって、原価を調整する。さらに、売価と原価をコントロールするには、原材料の入れ替えも考える。材料原価は、歩留まり計算を必ず実施する

7 メニュー開発では、発想を柔軟に

飲食業の経験が長い人ほど、メニュー開発の発想が硬直化し、お客の需要を取り違えやすい。

これまで調理人の多くは、親方や先輩から学んだ商品づくりの考え方や基本技術を守り、その教えに到達しようと努力してきた。

もちろん、料理の基本は重要だが、「基本」という教養へのこだわりが固定観念となり、調理人から「創造力」を奪う結果になった。

そのため、変わり映えのしないメニュー構成から抜け切れず、独自性を打ち出せずに苦悩している飲食店が少なくないのである。

●料理を遊ぶ気持ちで挑戦しよう

独自性の高いメニューを開発するには、固定観念にとらわれた調理法からの脱却が必須となる。

たとえば、調理方法を変えたり、別の調理法を加えることによって、既存の商品を、まったくイメージの違う商品へと変化させるのである。

つまり、西洋料理を日本料理風にアレンジする、焼き物を揚げ物にする、といった具合である。

また、日本そば屋の「ざるそば」には、なぜ、刻み海苔でなければならないのか、そばつゆは、どうして割下に限られているのかなど、このような疑問について考えることによって、「ざるそば」への創造力が高まり、自分なりのひらめきやアイデアが湧いてくるようになるのである。

さらに、このような疑問に対して、料理を遊ぶ気持ちでいろいろな具材をのせたり、タレを変えてみるといったことなどが、「独創メニュー」開発への第一歩となるのである。

●固定観念を拭い去ること

調理方法の複合化は、他にもいろいろ考えられる。たとえば、蒸し物料理にあんかけをする、揚げ物料理にあんやタレ、ドレッシングをかけたり漬け込む、刺身にソースやタレ、ドレッシングをかける、煮物料理にチーズやソースを加えてオーブンで焼いてみる、スープ料理に焼き物をひたしてみる、等々である。

また、ジャンルの違う料理を学ぶことも、独創メニュー開発のポイントになる。和食専門店ではフランス料理や中華料理を、フランス料理店では和食や中華料理などを学ぶことによって、異なる調理技術を導入することができるからである。

いずれにしても、固定観念を拭い去ることができれば、意外な独自性を生み出すことができるはずである。

＊＊＊ 顧客優先型独創メニュー開発チャート ＊＊＊

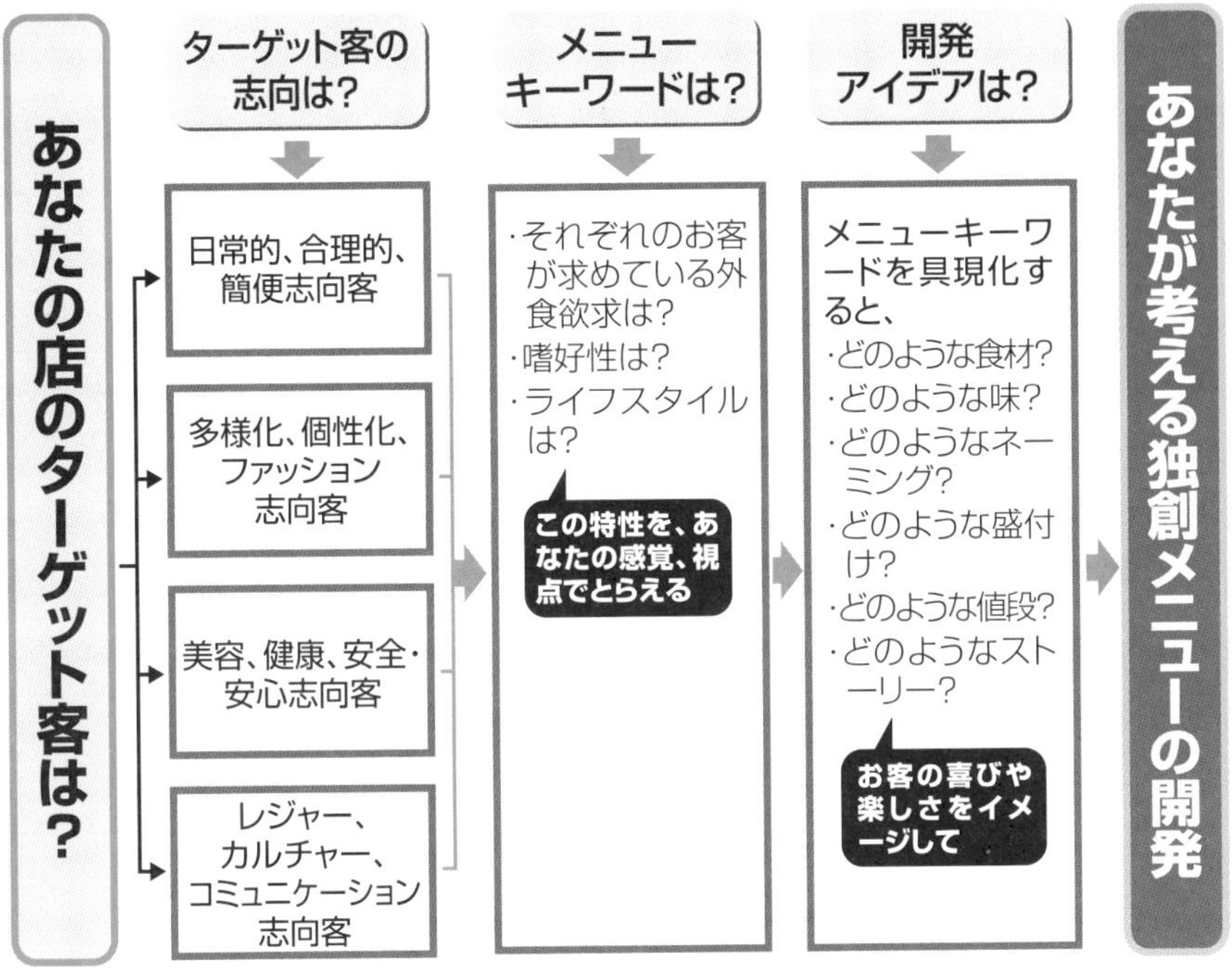
あなたの店のターゲット客は?
ターゲット客の志向は?
日常的、合理的、簡便志向客
多様化、個性化、ファッション志向客
美容、健康、安全・安心志向客
レジャー、カルチャー、コミュニケーション志向客
メニューキーワードは?
・それぞれのお客が求めている外食欲求は?
・嗜好性は?
・ライフスタイルは?
この特性を、あなたの感覚、視点でとらえる
開発アイデアは?
メニューキーワードを具現化すると、
・どのような食材?
・どのような味?
・どのようなネーミング?
・どのような盛付け?
・どのような値段?
・どのようなストーリー?
お客の喜びや楽しさをイメージして
あなたが考える独創メニューの開発

主婦は
けっこうリッチな
ランチだな!
ブランチの
スタイルがいい
かな?
この魚
とっても
おいしい!

8

〝クセ〟になる調味料を見つけよう

外食のメニューも飽和傾向にあり、お客に飽きられやすくなっている。とはいえ、プロの調理人でも、商品開発ができれば一人前と言われるほど、新商品を生むには、知恵と技術が必要となってくる。

そこで、調味料や香辛料の見直しによる独自性の追求を考えてみてはいかがだろうか。

最近では、減塩調理や自然調味料による味付けがブームとなっている。とくに、食品添加物や合成着色料の使用規制が厳しい今日では、消費者側の自然調味料への関心は、ますます高まるものと見られている。

そのため、天然塩や天然醸造による味噌、醤油、酢、酒を使用した商品は、ヘルシー志向の強い現代において、他の商品との差別化を図ることも容易だろう。

〝クセ〟になる味をつくろう！

一方、エスニックブームの定着によって、海外産の香辛料が、一般家庭でも簡単に手に入るようになった。日本を代表する山椒やわさびなども、海外産が増えている。

香辛料は、肉類や魚類の調理で、より効果を発揮することから、肉食過多の傾向にある現代では、欠かすことのできない副食材となっている。

また、香辛料を組み合わせて、新しい風味や芳香を創造することも、調理人にとって魅力的であり、創造性がふくらむ要因となる。

ここでポイントとなるのは、〝クセ〟になる味である。味には好き嫌いがある。したがって、万人に好かれる一品をつくるということは不可能だし、失敗もする。最良の方法は、〝クセ〟になる味をつくりだすことである。

一種の麻薬中毒症的な状態

たとえば、辛い味が好みのお客は、どんな料理でも辛くなければ満足しない。これは、唐辛子の中に含まれる「カフェイン成分」が大きく影響するからである。清涼飲料としてコーラが日本に上陸した当初は、〝クスリ臭い〟という理由で敬遠されがちだったが、そのうち「コーラ中毒」という新語が生まれるほど、ファンが激増した。〝コーヒー党〟と呼ばれる人間も、一種の麻薬中毒症的な状態なのである。

一度クセの強い味を覚えてしまうと、身体や感覚が、より強烈な味を要求するようになり、その味以外は受け付けなくなってしまう。アルコールやタバコなども同様である。

したがって、店の一品を生むためには〝クセ〟になる味の追求にこだわり続けるのが近道と言えるだろう。

＊＊＊ 主な香辛料の産地と用途 ＊＊＊

特徴	香辛料名	主な産地	用途
色彩を生かす香辛料	クチナシ	中国、日本	米料理、栗の色付け、漬け物、飲料
	サフラン	地中海沿岸地方	ブイヤベース、パエリア、製菓、飲料
	ターメリック	インド、インドネシア	カレー粉、漬け物
	パプリカ	ハンガリー、スペイン、フランス	スープ、シチュー、ドレッシング
辛味を生かす香辛料	カラシ	カナダ、オランダ、イギリス	魚介、肉料理、ピクルス、ソース
	コショウ	インド、インドネシア、ブラジル	料理全般、各種ソース、合わせ香辛料
	生姜	インド、ジャマイカ、中国、日本	魚介、肉料理、菓子、飲料、漬け物
	唐辛子	アメリカ、日本、メキシコ、ナイジェリア	料理全般、カレー粉、七味唐辛子、漬け物、唐辛子味噌
	ホースラディッシュ	ヨーロッパ北東部各地	魚介、肉料理、各種ソース
	ワサビ	日本	寿司、刺身、そば、漬け物、菓子
香を生かす香辛料	アジョワン	インド、エジプト、シンガポール	スープ、インド料理
	アニス	スペイン、トルコ、アフリカ	菓子、飲料、リキュール
	オールスパイス	ジャマイカ、メキシコ、ハイチ	ピクルス、菓子、肉料理、カレー粉
	オレガノ	地中海沿岸地方	卵料理、魚介、肉料理、ピザソース、スープ
	ガーリック	世界各地	料理全般、各種ソース、漬け物
	カルダモン	インド、インドネシア	菓子、パン、飲料、ソーセージ、カレー粉
	キャラウェー	オランダ、ポーランド、イギリス	パン、菓子、ピクルス、リキュール、チーズ
	クローブ	インドネシア、マダガスカル、ザンジバル	ハム、ソーセージ、スープ、菓子、カレー粉
	クミン	イラン、インド、シリア	カレー粉、ピクルス、肉料理、スープ
	ケッパー	フランス、イタリア	ソース、オードブル、魚介、肉料理
	コリアンダー	南ヨーロッパ各地、インド	ピクルス、サラダ、ソース、カレー粉
	サンショウ	日本、中国	中華料理、蒲焼き、合わせ調味料
	シナモン	スリランカ	菓子、パン、ピクルス、合わせ調味料

コラム

＊売れるメニューと売れないメニューの話＊

「メニュー改訂をして売上げを上げたいのですが‥‥」という内容の電話やメールをいただくことがある。また、直接、事務所を訪ねて来る人もいる。

メニュー替えは、1年に1回程度のサイクルで行なわれるケースがほとんどだが、“メニュー替えをすれば売上げが上がる”と思い込んでいる人も多い。

しかし、料理にも売れるものと売れないものがあるように、メニュー表にも「売れるメニュー」と「売れないメニュー」があることを知っておくべきである。

「売上げが下がってきたから、メニュー改訂を……」と、メニュー表が目新しくなれば売上げも上がると安易に考えているケースも少なくない。「メニューを替えたくらいで、売上げなんかアップしないよ！」――私は、いつも心の中でつぶやいてしまう。

一方、売れるメニューとは、お客さんはメニューを買うのではなく、料理を買うのだ、ということを熟知したうえでつくるメニューである。

売上げが下がりはじめると、どうしても、メニューの改訂ばかりが優先されるケースが多い。そして、少しばかり外食の勉強をしている経営者や調理人は、メニュー分析に基づいて、売れない商品を外して、売れる商品だけを残す。

しかし、売れない商品は、価格の変更やメニューレイアウトの変更といった、売るための工夫を施したのだろうか？　私は心配性のせいか、もしかしたら「金の卵」になるかもしれない商品を、簡単に捨てることに疑問を抱いてしまうのである。

とくにメニュー分析では、商品の善し悪しをデータだけで処理してしまう場合が多い。「この商品が、メニュー表の中央に載っていたら、もしかしたらヒット商品になっていたかも……」、「もっと価格設定を低くしていたら、2倍は売れていたかも……」などと、勝手な想像をしてしまう。せっかく開発した商品を、そう簡単に諦めるわけにはいかないからである。だから、データだけで、「売れない料理」と決めつけることはできないのである。

メニュー分析には限界がある。完璧なデータを手に入れるには、やはり、お客の欲求を探り、想像してみることが一番である。とくに、商品の売れ行き調査は、売れる理由と売れない理由がはっきりするまで、データを取り続けることが重要だろう。

4章

営業コンセプトとメニューコンセプトを確立せよ！

1 コンセプトなくして、モノ・コトは生まれない

「初めにコンセプトありき」――前にも述べたが、飲食業はコンセプト産業である。何事によらず、コンセプトなくして、モノ・コトは生まれない、と言っても過言ではない。

メニューづくりの考え方は、メニューが売れるだけでなく、経営を有利に導く戦略として考えていくことも必要である。そのポイントとなるのが、「コンセプトの設計」である。

コンセプト（concept）とは、概念とか考え方という意味だが、ここでは営業方針や客層、さらに商品計画を明確にするための、基本的な考え方と理解していただきたい。

要するに、「どのような店にしたいのか」を明確にする、ということである。

●店には、一貫性が必要

これを言い換えると、店には一貫性がなければならない、ということである。この一貫性とは、店舗、商品、サービスのすべてに整合性（適正なバランス）を持たせるということである。こうすることによってお客は、迷うことなく店を選び、商品を決めることができるのである。

というのも、お客は店をイメージでとらえているからである。これは、飲食店を利用するときの気持ちを想像してみると、よくわかる。

「○○風の雰囲気の店」、「○○円程度の予算で行ける店」、「○○と一緒に行くと楽しい店」など、店を選択する場合には、さまざまな想像力を働かせているはずだ。

ところが、もしラーメン店にカツ丼やカレーライスなどがあれば、その店の〝ラーメン〟に対して、お客はどう思うだろうか？　少なくとも、専門店とは思わないだろう。

したがって、お客の頭の中に店のイメージが浮かびやすいように、店のコンセプトとメニューは、一体化させることが大切なのである。

●メニューづくりの前に、店づくりを

飲食店の開業では、メニューづくりの前に、店づくりを行なわなければならない。その第一歩は、立地調査である。開業しようとする立地には、その地域の消費力や経済力、生活習慣、顧客の嗜好といった地域特性がある。

これらを調査したうえで、営業形態や店舗規模、ターゲットとする客層を想定し、それに基づいて、商品群、商品数、価格帯などのメニュー設計を行なっていくのである。

つまり、いつ、どこで、誰に、何を、いくらで売るのか、ということを明確にしていくのである。すなわち、これが「営業コンセプト」（店のテーマ）となるのである。

＊＊＊ メニューコンセプトの確立 ＊＊＊

立地調査
商圏内の人口・世帯数は?
地域の習慣、風習は?
産業構造は?
営業コンセプト
店舗コンセプト
店のシーンは?
店のストーリーは?
規模・客席数は?
運営コンセプト
イベントは?
フェアは?
広告宣伝は?
繁忙期、閑散期の運転は?
メニューコンセプト
接客コンセプト
サービステーマは?
ユニフォームは?
サービス用語は?
顧客コンセプト
世代は?
性別は?
職業は?
嗜好は?

カレーフェア
おいしいよ!

2 営業コンセプトを明確にしよう

中小飲食店の経営者の多くは、飲食店における「コンセプト」の重要性を理解していない場合が少なくない。

そのため、単なる思いつきや過去の経験などから商品を開発し、結果的に、店のイメージからかけ離れた商品に仕上がってしまうケースがよくある。

また、いくら商品自体の完成度が高くても、開発した商品が営業コンセプトや店舗の雰囲気などとかけ離れていては、ヒット商品に育つことはむずかしいだろう。

なぜなら、商品の「付加価値」は、味や見映えといった商品力だけでなく、営業コンセプトや店舗空間といった、商品を取り巻く、すべての営業条件が大きく影響してくるからである。

●「みちのく郷土茶屋」の成功

では、どうやって営業コンセプトを確立すればいいのか、その具体的なケースを紹介しながら述べていこう。

宮城県古川市の和食店「みちのく郷土茶屋　琴」は、平成5年の開業で、街の中心部から、車で5分ほど離れた交通量の多い道路沿いに立地している。

しかし、開業時期がバブル崩壊後だったため、予想外の苦戦を強いられた。接待・宴会客をターゲットにしていたため、遅れて地方に波及した景気低迷の影響を、もろに受けたのである。

危機感を抱いた同店は、営業方針を見直し、解決に取り組んだ。まず、駐車場のない店に客足を向けさせるには、特別な来店動機を促す魅力づくりが不可欠であるとして、同店が打ち出した営業コンセプトが「みちのく郷土茶屋」だった。

●東北色を強めて、特徴を出す

これは、地元の〝みちのく料理〟を売り物に、客の来店を促そうというものだが、実際には、〝みちのく料理〟という体系的な料理はない。

そこで、三陸沖の魚介料理と東北の郷土料理を組み合わせることで、東北色を強めて特徴を出した。店舗も、簡単な造作を施して「みちのく郷土茶屋」のコンセプトに合致させ、従業員の接客レベルの向上にも力を入れた。

開発した〝みちのく料理〟は、3種類の「みちのくコース料理」を名物料理に据えて、〝みちのく色〟を前面に出してアピールした。その他にも、「奥州ちゃんこ」や東北の地酒を20種揃えるなどして〝東北色〟を強め、営業コンセプトの強化を図り、見事、バブル崩壊後の低迷から立ち直ったのである。

＊＊＊「みちのく郷土茶屋」の営業コンセプトチャート＊＊＊

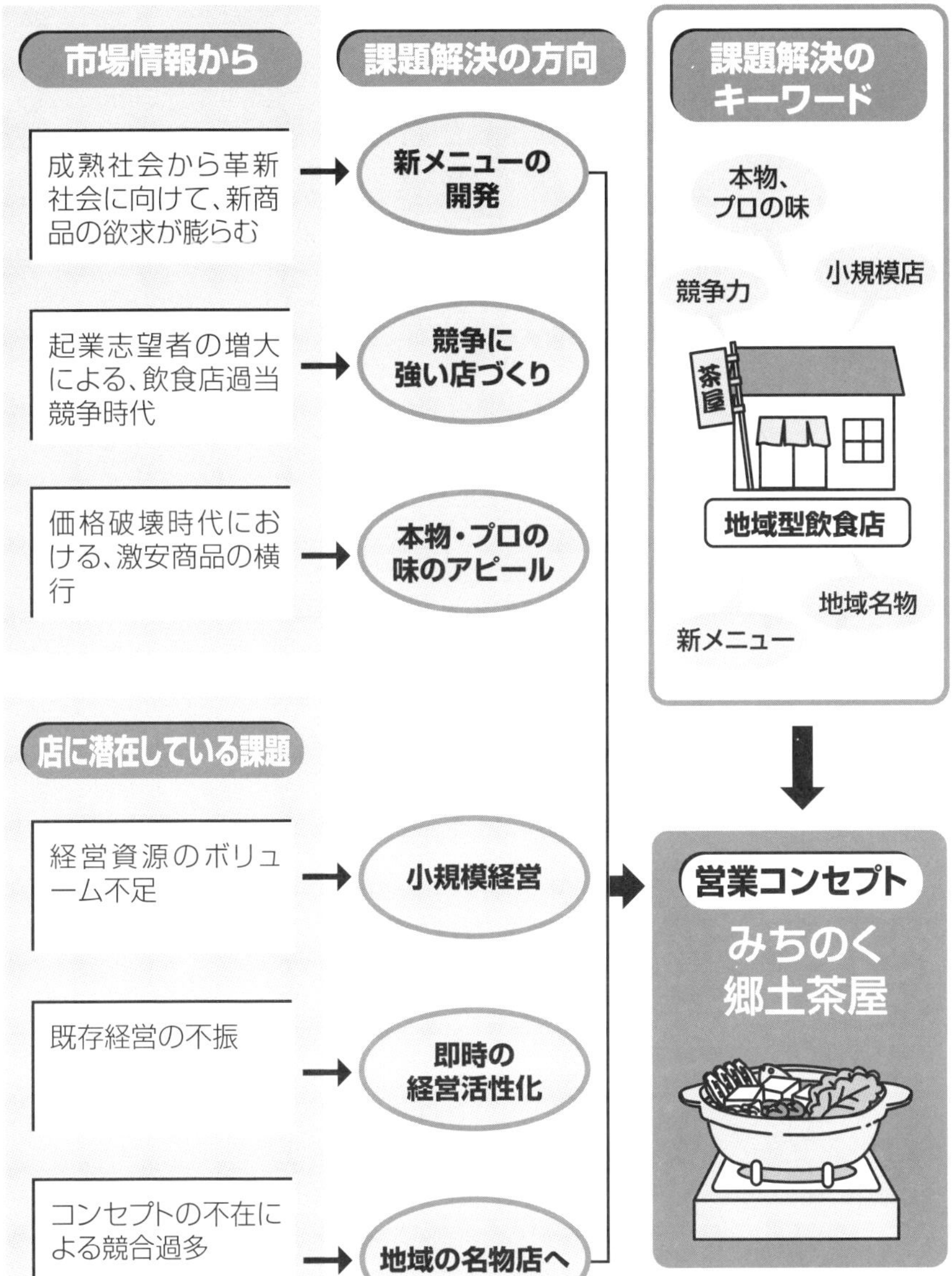

解説

東北のうまいものを取り揃えた郷土料理店。旅人が、必ず寄ってみたくなる"地域の名物店"を営業コンセプトとする

3 営業コンセプトに合った顧客とは？

営業コンセプト、つまり店のテーマが決まれば、メニューのテーマも、自ずと決まってくる。

しかしその前に、ターゲットとする客層を明確にしておく必要がある。買い手が決まらなければ、どんな商品を並べて売ればいいのか、見当がつかないはずだからである。これでは、商売にならない。

そこでまず、その店の立地環境において、もっとも有利と思われる生活者を顧客として狙っていくことになる。

たとえば、産業地帯や工業地帯であれば、工員やエンジニア、その取引業者とその家族ということになる。

また、ビジネス街であれば、そこで働くサラリーマンやOL、商用で訪れるビジネスマンや取引関係者など、といった具合である。

●ターゲット客の嗜好特性をつかもう

さらに、山村・漁村地域では、その地域の家族客や観光客、住宅地なら、そこで生活する家族客（若年家族、中高年家族、三世代家族など）や自営業者などである。

また商業地であれば、そこで働く人や往来する人たちということになってくる。

人間は、育った生活環境や労働環境、あるいは年齢や性別によって、嗜好が類似してくるものである。そこで、狙う生活者の嗜好・特性を、あらかじめ踏まえておくことが、売れるメニューづくりのポイントとなってくるのである。

たとえば、農村・漁村の生活者の買い物傾向は、なじみの深い商品だが、一方では都会的な商品への興味も強い。逆に都会の生活者は、地方の名産や田舎の家庭料理を好む一方で、トレンディーな料理や外国料理などへの欲求も強い。

また男性は、どちらかというと酒肴類を好むが、女性はお洒落感覚を重視した京風料理や欧風料理、デザートを好むという傾向もある。

●若者はファッション、高齢者は健康を重視

さらに若者は、ファッションを重視したメニューや肉料理への嗜好が強く、高齢者は野菜や魚料理など、健康面を気遣った嗜好がある一方で、復古料理や伝統料理に対する興味も深い。

商品構成を決めるうえで、このような客層別の大まかな嗜好特性をつかんでおくことは欠かせない。

このようにして、ターゲットとする客層を想定すると、その客層がもっとも必要としているモノ・コトを明確にすることができるのである。

＊＊＊ ターゲット客の抽出チャート ＊＊＊

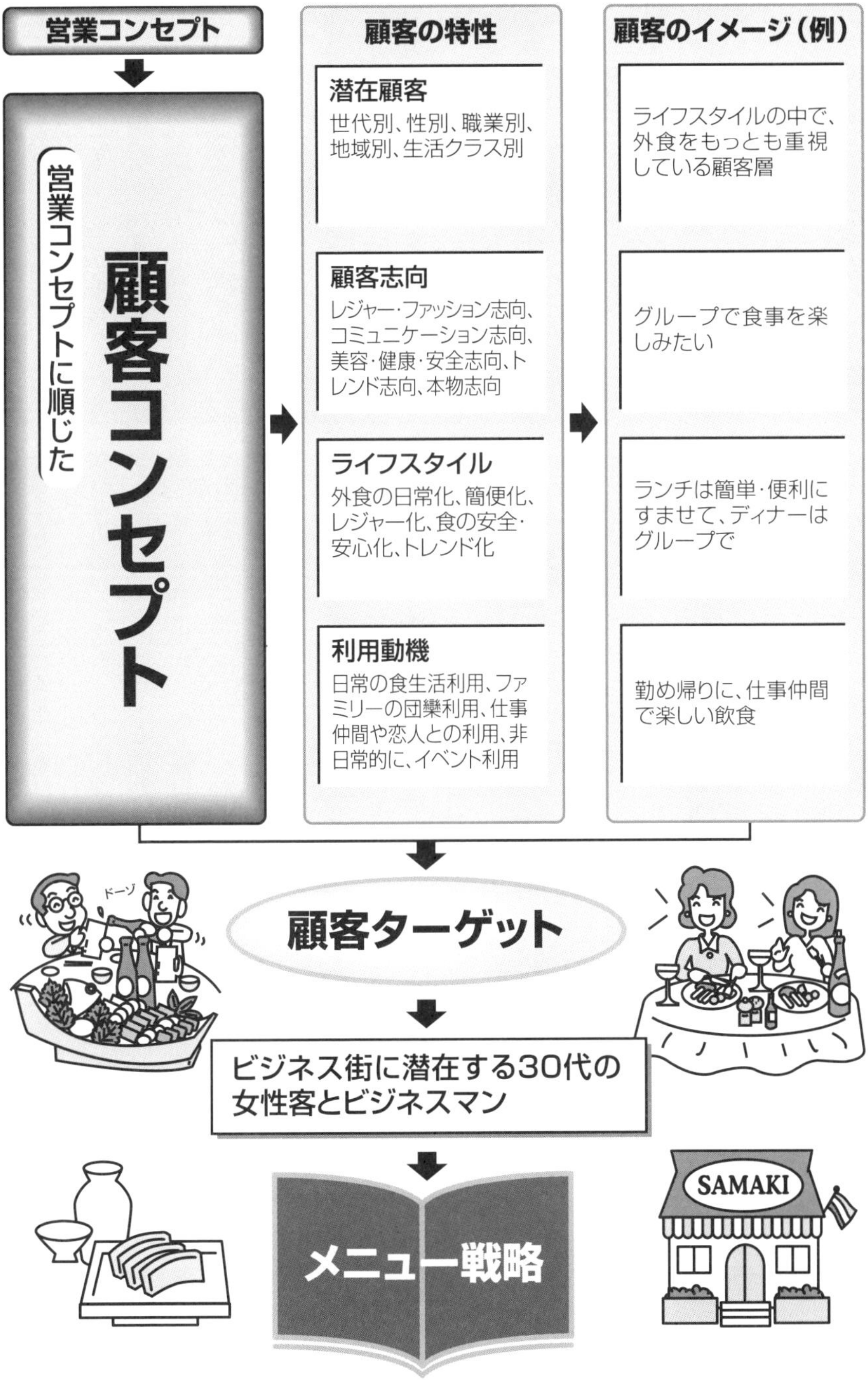
営業コンセプト
営業コンセプトに順じた
顧客コンセプト
顧客の特性
潜在顧客
世代別、性別、職業別、地域別、生活クラス別
顧客志向
レジャー・ファッション志向、コミュニケーション志向、美容・健康・安全志向、トレンド志向、本物志向
ライフスタイル
外食の日常化、簡便化、レジャー化、食の安全・安心化、トレンド化
利用動機
日常の食生活利用、ファミリーの団欒利用、仕事仲間や恋人との利用、非日常的に、イベント利用
顧客のイメージ（例）
ライフスタイルの中で、外食をもっとも重視している顧客層
グループで食事を楽しみたい
ランチは簡単・便利にすませて、ディナーはグループで
勤め帰りに、仕事仲間で楽しい飲食
ドーゾ
顧客ターゲット
ビジネス街に潜在する30代の女性客とビジネスマン
メニュー戦略
SAMAKI

4 顧客が求める商品のイメージとは？

メニュー設計を考えるうえで、忘れてはならないのが、客層別の利用動向の変化である。

たとえば、核家族化の傾向が以前よりも強くなってきている昨今、三世代家族での行動が減り、主婦客中心の利用が増えている現実を見ると、ファミリーレストランの客層転換期とも言えるだろう。

また高齢者層は、従来よりも欧米感覚が豊かで、ぜいたく志向になってきており、ハイセンスな内容が要求されることから、過去の老人食的なメニューでは対応できなくなってきている。

このようなお客の欲求変化をとらえて、有利な経営を実現するためには、客層別に見られる生活スタイルの変化（左図参照）に注目して、的確な営業方針を打ち出していくことが重要である。

●各年代別の「外食スタイル」

もっとも、一口に客層別と言っても、「世代別」、「性別」、「職業別」、「生活環境別」など、細かく分けることができる。

そのため、それぞれの客層の特性をつかんでおくことが肝要である。

ここでは一例として、客層を「世代別」の観点からとらえ、各年代別の「外食スタイル」を列挙しておこう。

・5歳から12歳までのチャイルド世代

洋食を好む。友達と同じ物を食べたがる。親の意見にしたがい、軽食を好む。

・10代後半から20代前半のヤング世代

洋食志向。間食が多い。ファーストフード志向。味よりも、流行の食べ物を好む。肉食志向である。

・20代後半から30代前半のブライダル世代

和洋折衷型の料理を好む。気軽な食事とぜいたくな食事を、上手に使い分ける。外国食品志向が強い。

・ニューファミリー（核家族）世代

洋食志向。ファミリーレストラン志向。気軽な食事を楽しむ。

●単品での注文が多い高齢者層

・40歳から60歳までのアダルト世代

食べ歩きが多い。高級店を好む。家庭料理志向。和洋折衷だが高級志向。珍味志向。仕事上での飲食が多い。

・60歳以上のシルバー世代

淡白な味を好む。和食志向。自然食志向。単品での注文が多い。野菜や魚料理を好む。

＊＊＊客層別の志向と食スタイル＊＊＊

ターゲット客	顧客志向	ライフスタイルの特徴	食生活スタイル	行動特徴
チャイルド世代	ロマン志向。周りの意見や親・兄弟、先輩の意見に左右される	ゲーム感覚で、何にでも興味を抱き、人間関係を重視した生活	和食より洋食を好み、簡便食志向。健康や安全より、価格とボリュームを重視	衝動買いが多く、トレンドに弱い。インスタント食品やファーストフードをよく利用する
ヤング世代	トレンド志向。情報に敏感で、常にトレンドを追いかける	生活の大半がレジャー感覚で、ファッションや音楽を重視した生活	和食より洋食を好む。デザートや時流飲食にきわめて敏感	トレンド品なら、高価でも買う。ファーストフードや簡便食をよく利用する
ブライダル世代	ファッション志向。個性が強く、差別化を大切にする	ブランド志向が強く、大金をかけても欲しいものを手に入れる。ムードを重視する生活	和洋折衷だが外食が多く、食事には時間と金をかける	バーゲンセールやコンビニを利用する機会が多い。新製品などへの興味も強い
ニューファミリー世代	カジュアル志向。普段着で海外に行くなど、自分なりの生活スタイルを持っている	夫婦・親子のコミュニケーションを大切にしたカジュアルな生活を重視する	和・洋・中・エスニックと、何にでも興味を持って、頻繁に外食をする。グルメ情報に弱い	ショッピングが好きで、家族で出かける。買い物は計画的
アダルト世代	コミュニケーション志向。仕事仲間や近所のつき合いを大切にする	健康を気遣い、食生活や健康管理を重視する。情緒不安が、自然やアンティークを求める	簡便食を嫌い、うまい・珍しい・高級な料理への興味が強い。自称、グルメ族が多い	つき合いでの飲食やゴルフ、旅行などが多く、自然の花木や生涯学習等への興味が強い
シルバー世代	健康志向。本物を好み、量よりも質を求める	簡便な生活より、手づくりや本物を好み、健康第一を生きがいにしている	和食を好み、とくに野菜、魚介類が中心となる。最近では、有機野菜や安全食を求める	健康器具や自然食品をよく買う。衝動買いは少ないが、買い物には頻繁に出かける

＊5＊ コンセプトづくりには、創造性は不可欠

明確なコンセプトを持つことによって、経営や店のイメージづくりがしやすくなる。これが、飲食店の経営を有利に導くキーワードとなる。

飲食業を取り巻く経営環境は、年々厳しくなってきている。どのような理由から始めるにせよ、飲食店をやるからには、誰もが成功させたいと思うはずである。勝ち組に入りたいと思わない人はいないだろう。

では、どうすれば、勝ち組に入れるのかと言うと、味はもちろん、サービスや店の雰囲気などで、その店ならではの特徴をアピールできるかどうか、にかかっているのである。

「他人」の真似ではない、「自分の店」をつくろう

そのためには、「他人」の真似ではない、「自分の店」をつくることだ。店自体の存在感なくして、商品の付加価値は生まれない。

また同時に、店の存在感というものは、明確なコンセプトがないかぎり、生まれてこないものである。

ところが現実には、どこにでもあるような、ありきたりの店のオンパレードになっている。これでは、繁盛店となることはむずかしいだろう。

コンセプトづくりは、できるだけ、創造的かつ斬新であることが望ましい。営業コンセプトが決まれば、そのコンセプトに沿って、以下のように細分化していく。

- **顧客コンセプト**（誰をターゲットにするか？）
- **商品コンセプト**（何を売るのか？）
- **店舗コンセプト**（どのような雰囲気の店か？）
- **接客コンセプト**（どのようなサービスで？）

スタッフ全員に周知徹底させよう

一人でやる店ならともかく、通常は、何人かのスタッフを雇って運営することになる。人を使った経験のある人ならわかると思うが、人は、なかなか自分の思いどおりには動いてくれない。

たとえば、接客である。サービスの大原則は「均質化」であって、バラツキがあっては、店のイメージは著しく損なわれてしまう。決められたことを、全員がきびきびと行ない、常に一定の質を保つようにするには、スタッフ教育が必要であることは、言うまでもない。

そのためには、店のテーマ（コンセプト）を、繰り返し繰り返し説明し、それを理解させることである。スタッフ全員に周知徹底させることができなければ、繁盛店など、できるはずがないからだ。

＊＊＊独自性の高いコンセプトづくり＊＊＊

店舗コンセプト
どのような雰囲気の店なのか？
営業コンセプト
どのようなストーリーがある店か？
商品コンセプト
どのような商品を売るのか？
顧客コンセプト
誰をターゲットにするのか？
運営コンセプト
月間、週間、1日、時間別の運営方法は？
接客コンセプト
どのようなサービスをするか？

6 メニューと店舗コンセプトの融合を図ろう

外食慣れした昨今のお客が店を選ぶ際、最終的に決め手となるのは、その店のイメージである。

具体的に言うと、どんな料理がおいしいのか、気軽に楽しめるのか、あるいは、いくら出せば、どれくらい満足できるのか、といったことが、よくわかる店を選ぶ傾向が強い。

そのため、店側が注意しなければならないことは、店づくり全体に、メニューを軸にした〝統一感〟を持たせることである。まず、何が売り物の店なのかがはっきりとしたメニューづくりが必要なのである。

ある程度、メニューに幅を持たせる必要はあるが、あれもこれもと欲張って店の特色がなくなると、結局は、どの客層もつかむことはできない。

そして、そのメニューにどれくらいの値付けをするか、また、それをどのような雰囲気、接客で提供するかというバランスが、店のイメージを決定づけるのである。

●外観・内装は、店のテーマに沿って統一しよう

店の外観はもとより内装も、店が掲げるテーマを基本にして統一することが望ましい。外観のイメージに誘われて店内に入ったものの、想像していた雰囲気とまるで違う印象を受けた場合、お客は、その店に不信を持つことになる。

たとえば、外観は高級店に見えるのに、店内が定食屋のような雰囲気（よく言えば庶民的、悪く言えば安普請）だったら、お客は期待はずれでガッカリするはずである。

といっても、ことさら豪華にしたり、オシャレにする必要はない。料理にふさわしい、店内の雰囲気を演出することを心がければよいのだ。

食事の時間が楽しくなる、清潔感に溢れて居心地がいい空間をつくるのと、大金をかけて店づくりをすることは、まったく別次元の問題だからである。

●事前の市場調査、コンセプトづくりが大切

店舗コンセプトというのは、たとえば、信州・戸隠地方の歴史、文化、民俗を反映したそば店や、西遊記をテーマにしたラーメン店など、「ストーリー（物語）やシーン（場面）が感じられる」心理表現を指している。

つまり、思わず引き込まれてしまうような魅力的なもの、と理解していただきたい。

メニューと店舗空間の融合を図ること。そのための基本、あるいは指針となるのが、事前の市場調査であり、店のコンセプトづくりなのだ。この点を疎かにしていては、開業も経営改善もままならないだろう。

＊＊＊ メニューと店舗コンセプトの考え方 ＊＊＊

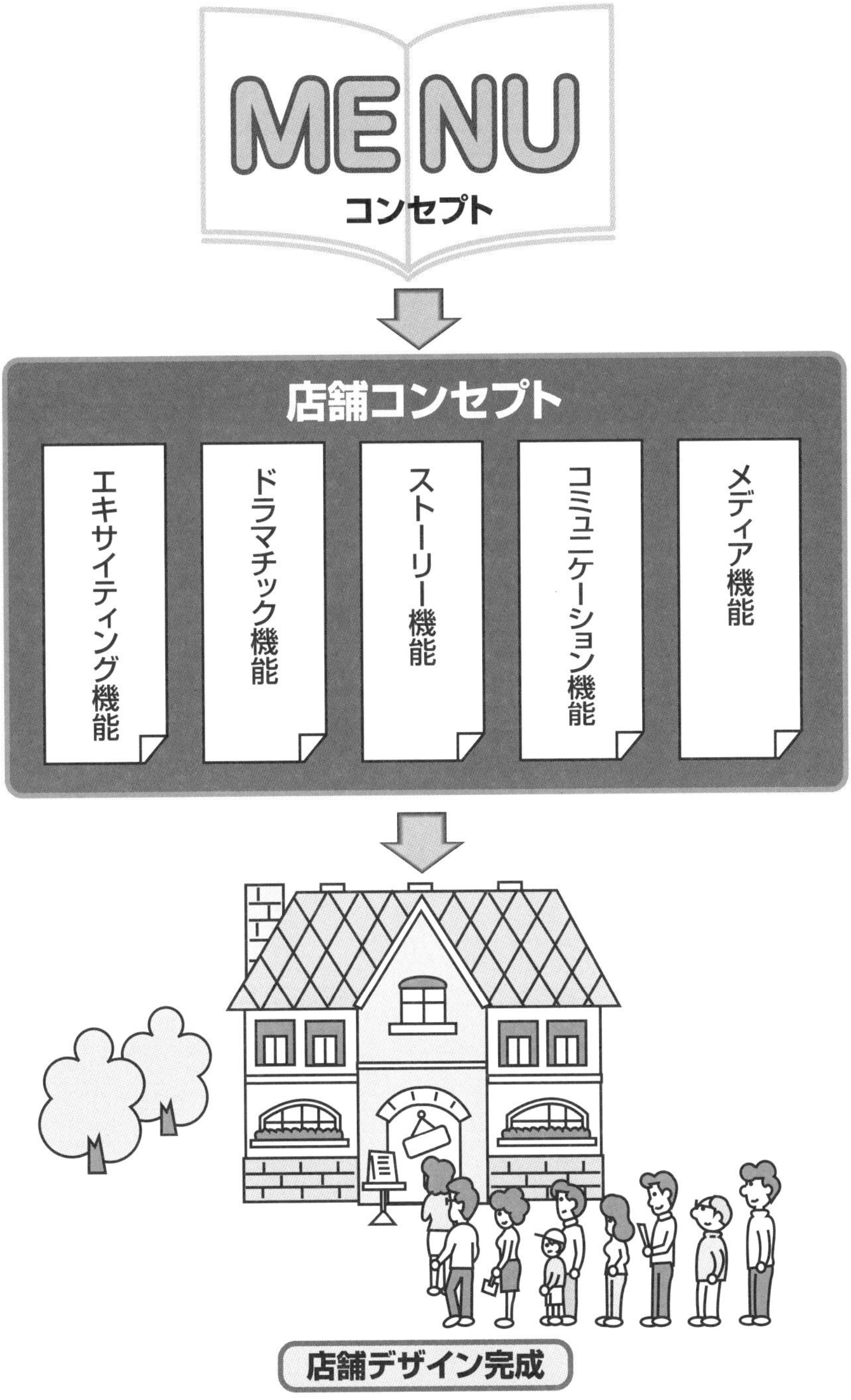

7 メニューとサービスコンセプトは同じに

繁華街や駅にある立ち食いのそば・うどん店は、たいていセルフサービスとなっているが、誰も文句を言わない。

ファーストフードの売り物は、安い、早い、ボリュームがある、ということである。その代わり、サービスなどは極力省いて、コストを削減する。この点については、店もお客も暗黙の了解をしている。

だからこそ、お客は納得してセルフサービスに応じるわけだが、もし、高級和食店で、定食屋のようなサービスを受けたらどうだろうか。お客は、二度とその店を利用しないはずである。

●原価率30％の店は、70％の付加価値が必要

飲食店に対して、お客は常に利用動機と代金の対価として、妥当なサービスを期待している。そのため、その期待が裏切られると怒るし、逆に期待以上の心遣いを受けると感動する。

前者の場合、店からお客が遠ざかることになるが、後者の場合は、自分の知り合いに店を推薦してくれる。つまり、すぐれたサービスは、強力な差別化の武器になるのである。

原価率30％の店は、70％の付加価値が必要である。そして、お客への気配りは、最高の付加価値となる。他店との違いがはっきりと出るし、お客にもわかりやすいからだ。

さらに言えば、自店だけのサービススタイルをつくることで、繁盛店となることができる。

繰り返し述べているように、お客が求めているものは、その店ならではのメニューである。また同時に、そのメニューに見合ったサービスが必要となる。

そして、お客が本当に求めているサービスとは、他店にない、その店だけのサービスなのである。

●自店だけのサービススタイルをつくろう

といって、何も奇抜なことをする必要はない。サービスの目的は、お客に満足してもらうことであり、店で過ごす時間を、より楽しいものにすることである。そのために、真心をこめてつくすことが、サービスの役割なのだ。

お客の利用動機と客単価によって、自ずから、サービスのボーダーラインは決まってくる。ボーダーラインとは、その業態で最低限実現していなければならないサービスレベルのことである。

また、他店では受けられない個性的なサービスなら、さらにお客の心に響くはずである。サービスの基本に、何かひとつでも自店らしい味付けを施すだけで、強力な差別化の武器になるのだ。

＊＊＊ メニューコンセプトの展開を核にした接客サービス ＊＊＊

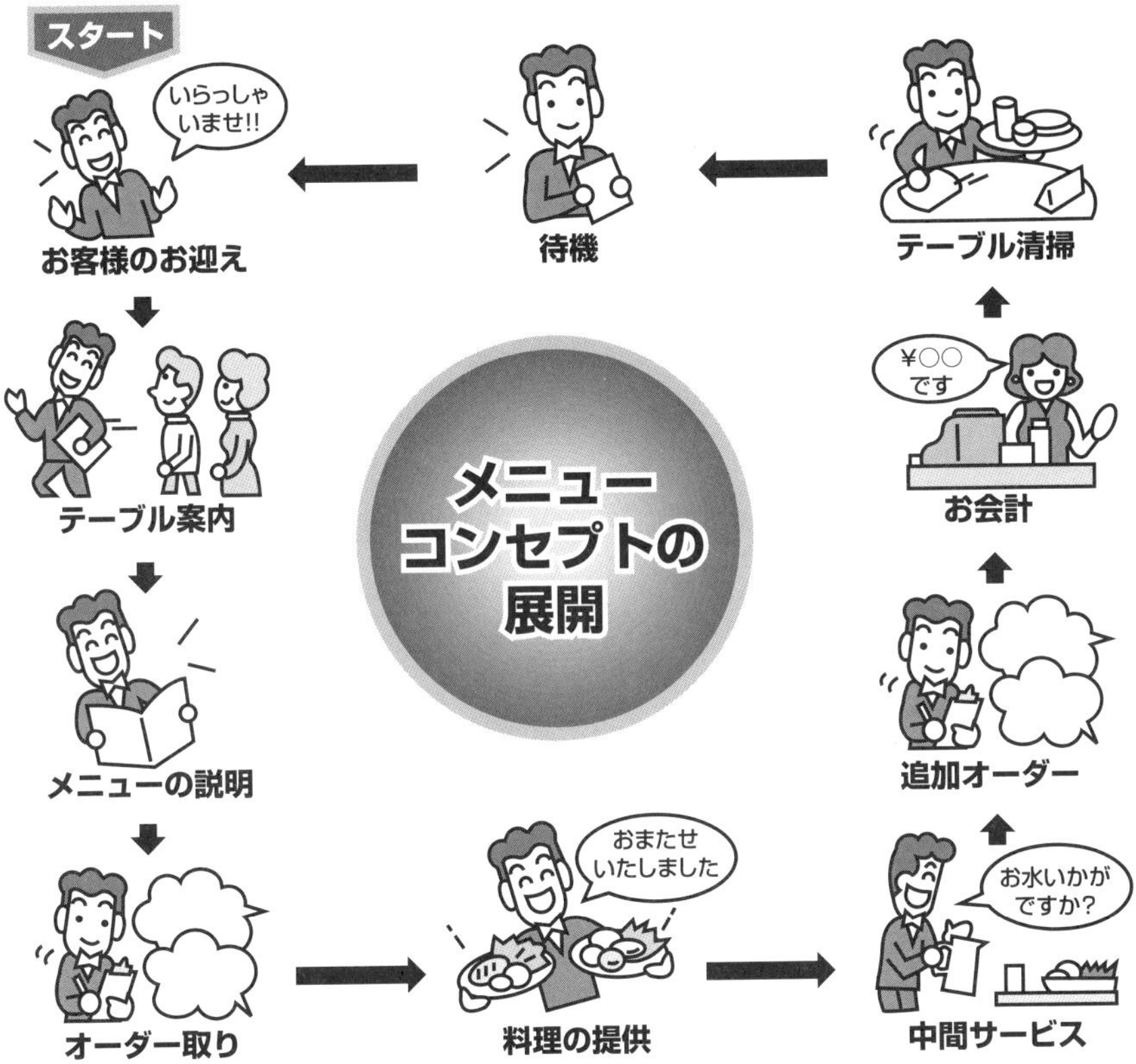

＊＊＊ 同じ金額の商品における原価と付加価値の比較 ＊＊＊

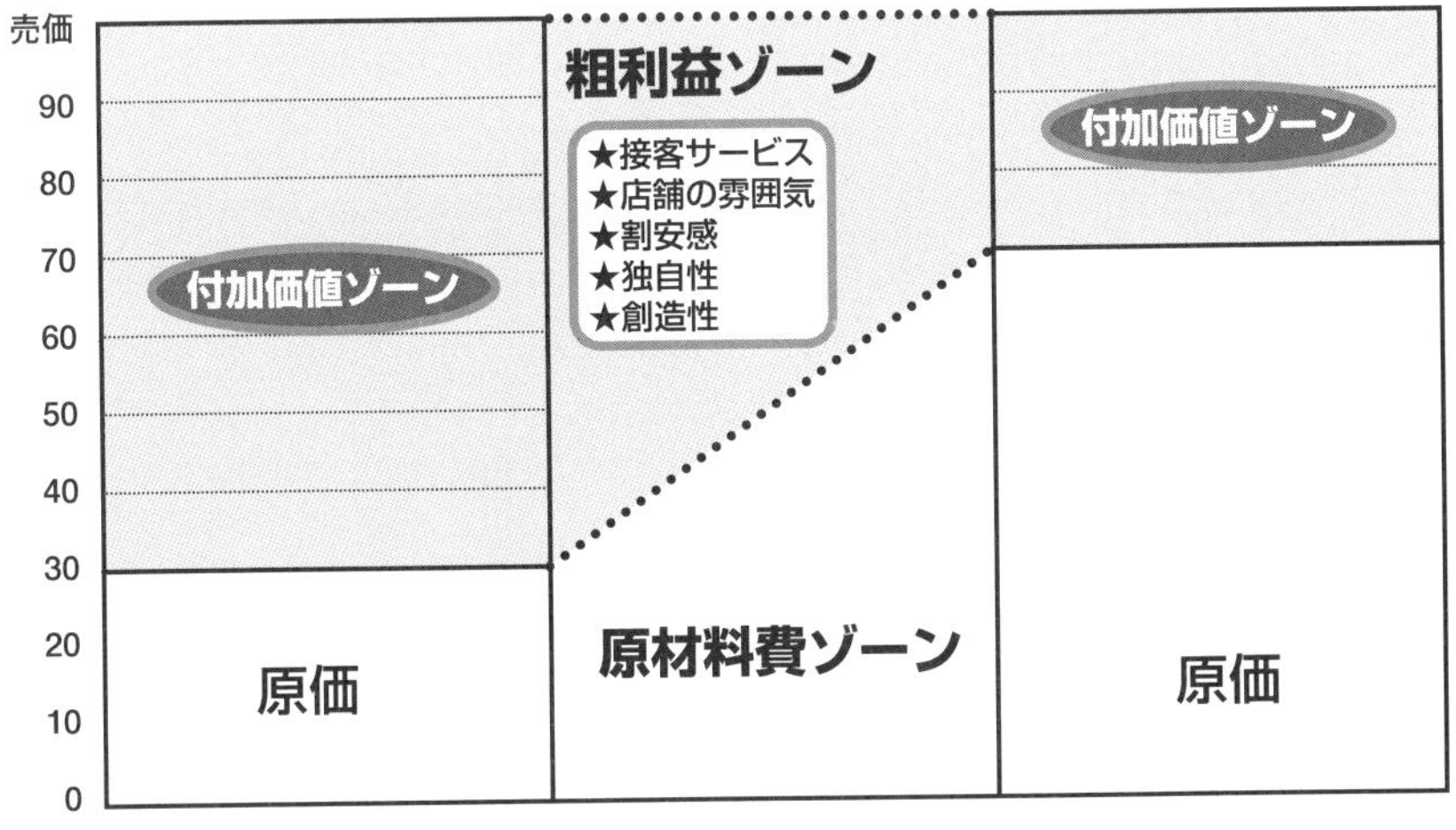

8 経営機能を重視したメニューを

社会や経済は、たえず動き続けている。また、それに連れて、お客の需要や好みも変化している。

したがって、売り手側がその変化やニーズに対応することができなければ、経営は必然的に衰退していくことになる。

そのため、メニューコンセプトは固定化するべきではなく、市場の変化に応じて変えていくべきである。少なくとも、１年ごとに、メニューの改定を検討、実施すべきである。

どんなに入念な立地調査を行なって、客層や利用動機を予測したとしても、お客のニーズとのズレは必ず出てくる。こちらが完璧と考えていても、お客が本当に求めているメニューかどうかはわからないからだ。

つまり、実際に営業してみなければ判断できない部分が少なくないのである。

●死に筋商品を取り除こう

自店の価格政策や商品構成とお客のニーズとのズレは、ある程度の期間、営業していれば、自ずとわかってくるものである。メニューの改定は、その時点で行なえばよいだろう。

飲食店のメニューというものは、そのようにして完成度を高めていくものだからである。

問題は、どのようにしてお客の支持度を分析し、効果的な改定をするか、ということだ。

まず、ＡＢＣ分析によって、人気のある商品とそうでない商品とを分ける。死に筋商品を見つけて取り除き、売れ筋商品を、さらにパワーアップさせていくのが、メニュー強化の鉄則である。

メニュー表に載せておいても意味のない商品をそのままにしておくことは、不要な材料をストックしているのと同じで、経営の効率を悪化させる主要因となるからだ。

●「お客の満足」と「効率」を両立させよう

もちろん、売れ行き個数で、わずか５％にしか満たない商品でも、必ずしも死に筋商品とは限らないものもある。

その場合は、材料ロスや調理のムダを出さないように、商品を開発することである。

ただし、効率を優先しすぎると、店の魅力が半減してしまう恐れもある。「お客が満足感を得る」こと、これがメニューの使命である。そのための技術（品質、サービス、雰囲気づくり）を、常に向上させていかなければ、お客の満足は得られない。

「お客の満足」と「効率」とを同時に追求することは、経営を有利に導く高度な戦略なのだ。

＊＊＊ メニューABC分析表 ＊＊＊

NO	商品名	売価	売上個数	売上金額	ランク評価
1	日替わりランチ	780	750	585,000	売上個数比15.9 売上比12.3
2	ハンバーグステーキ	1,200	690	828,000	売上個数比14.6 売上比17.4
3	グリーンサラダ	600	480	288,000	売上個数比10.2 売上比6.1
4	シーフードミックスフライ	1,180	420	495,600	売上個数比8.9 売上比10.4
5	カジュアルステーキ	1,500	350	525,000	売上個数比7.4 売上比11.1
6	ステーキランチ	1,080	330	356,400	売上個数比7.0 売上比7.5
7	スパゲッティマリナーラ	980	300	294,000	売上個数比6.4 売上比6.2
8	生ビール（中）	500	300	150,000	売上個数比6.4 売上比3.2
9	シーフードピラフ	800	280	224,000	売上個数比5.9 売上比4.7
10	ビーフカレー	980	260	254,800	売上個数比5.5 売上比5.4
11	チョコレートパフェ	650	225	146,250	売上個数比4.8 売上比3.1
12	フランスコース	2,450	185	453,250	売上個数比3.9 売上比9.5
13	シーフードサラダ	1,000	150	150,000	売上個数比3.2 売上比3.2
合計			4720	4,750,300	

売上個数ランクから商品人気度をたしかめ、売上高ランクから売上貢献度を確認する

9 営業コンセプトとメニューコンセプトのズレは致命的

売上げや客数が落ちると、メニューの入れ替えや価格の変更などを安易に行なう経営者が多い。

しかし、そうした小手先での変更は、かえってお客を逃がすことになる。ちぐはぐな新メニューの導入や、立地や客層を無視した価格設定などは、店の信頼を失わせるばかりである。

岐路に立ったときは、いつも原点に立ち返ることが、物事の原則である。

飲食店の経営においては、営業コンセプトを再確認したうえで、顧客、商品、店舗、接客の各コンセプトとの間にズレがないかを、よくチェックしてみることである。

とりわけ、営業コンセプトとメニューコンセプトのズレは経営の致命傷になるため、要注意である。

長野県S市のカレーショップT店は、ある繁盛店のノウハウを買って、そのノウハウまかせの店づくりをしていた。

ところが、開店後も目標売上げにまったく到達することができず、ある専門家のアドバイスから、次はエスニック風居酒屋メニューを導入した。しかし、売上げの低下は止まることがなかった。

その後、私への相談があったのだが、訪問して驚いたことは、外装・内装の色彩、立地と業態、雰囲気とメニューなどに、まったく統一感のないことだった。

基本的にはカレー店なのに、青などの寒色系の色を使っており、エスニック風居酒屋メニューを出しても、ちぐはぐさは増すばかりで、客離れも当然と思われた。

ここまで開業計画のミスとメニューコンセプトとのズレがあると、お客の信頼は失われる一方であり、撤退の決断か、業態変更が必要となってくる。

バブル時代は、お客の購買力に勢いがあったため、コンセプトが多少ズレたような店でも、それほど大きなリスクもなく営業が可能だった。

しかし、不況の波が押し寄せてきたとたん、このような店の売上げは、著しく低下している。

顧客欲求の変化とともに時代は、「売る時代」から「提案する時代」へと変化している。飲食店の経営において、この「提案」の意味は、大きなテーマとなるに違いない。その理由は、これからの時代のメニューの本質はお客への提案であり、客側もまた、その提案を待っているからだ。

このような時代こそ、店づくりや商品づくりのテーマを明確にして、顧客にアピールしていくことが大切なのである。

＊＊＊ 提案する時代のコンセプトチャート ＊＊＊

お客の欲求

営業コンセプトの確立

お客の欲求に対して、何をテーマに営業する飲食店なのか？

商品コンセプトの確立

この営業に対して、いつ、誰に、いくらで、どのような商品を提供するのか？

店舗コンセプトの確立

この商品を提供するために、どのような店舗空間、シーンを提供するのか？

接客コンセプトの確立

この店舗雰囲気と商品に対して、お客にどのような接客サービスを施すのか？

- 新しい商品の提案
- オリジナル商品の提案
- ストーリーを表現するためのシーンが活かされた店舗空間の提案
- ホスピタリティーな接客サービスの提案
- 新しい食文化の提案

コラム

＊幼児に教えられた、コンセプトの原点＊

コンセプトを策定する際、大切にすべきことは、幼児から求められるような「質問」である。幼児は、何にでも興味を抱き、何でも知りたがる。「どうして」、「何で」――親でなくても、このような質問攻めに困惑した人は少なくないだろう。

しかも子供は、真剣な目で聞いてくるのだから、答えないわけにいかない。また、いい加減な答えも許されない。幼児は、このような質問によって、知恵をつけていくからである。

ある小さな町の公園の木陰を、若い母親と3歳くらいの女の子が手をつないで歩いていた。母親は、大きなバックを肩にかけ、大きなツバのついた帽子をかぶって、日よけの傘を持っていた。

女の子は、その日傘を指差して言った。「ママ、どうしていつもこれを持ってるの？」。母親は、「だって、日に焼けたら困るでしょう」、「どうして困るの？」、「どうしてって、肌が黒くなるじゃない」、「どうして黒くなるの？」、「お日さまに当たると黒くなるの」、「どうして黒くなると困るの？」、「どうしてって……」、母親は、それ以上、答えることができなかった。

そう、質問に答えきれなくなったときが、答えなのである。この親子の会話にも、ヒントが隠されている。何も、肌が日焼けすることで困ることはない。しかも、傘を持ち歩いているだけでは日除けにはならないし、大きなツバのついた帽子をかぶっていれば、顔の日焼けは防げる。また、傘を持ち歩かなくても、木陰で遊べば、日焼けをせずにすむのである。

この会話のコンセプトは、「日傘を持ち歩かなくてもよい」ということになるだろう。これと似たようなことは、日常生活の中にもたくさんある。コンセプトを生み出すことはむずかしいが、答えが出るまで問い質していくと、いったい何が必要なのか、何が求められているのか、そして、何が答えなのかが見えてくる。

たとえば、顧客コンセプトを策定するとする。「飲食店に、もっとも興味を抱いているのは誰なのか？」、「料理に、もっとも興味を持っているのは誰か？」「衝動食いをしやすいのは誰か？」、「トレンド料理に興味を持つのは誰なのか？」、「その料理をクチコミで広げたがる人は？」などを追って行くと、そこには“女性客”が見えてくるはずである。

5章

売れるメニュー作成の手順と方法

1

立地に潜在する客層を調査しよう

売れるメニューを設計するポイントは、顧客が必要としている商品を探し出し、その商品力を高めて、手頃な値段をつけることである。お客が何を望んでいるかを探るには、思いつきや情緒的な判断に頼らず、実践的な調査が必要となってくる。

この基本的なポイントを簡単に紹介すると、まず最初に行なうのが「立地調査」である。立地は大まかに、大商圏、中商圏、小商圏に分けて調査する。

大商圏とは、工業都市か商業都市かという大きな区分けで、中商圏は、それより狭い区分けである。たとえば、住宅区域か商業区域かという区分けである。小商圏は、道路沿いかビル内かといった区分けである。

●地域で異なる、金銭感覚と消費傾向

地域が違えば、そこに生活する人々の習慣や生活スタイルも変わってくる。極端に言えば、都会と山村では、住民の嗜好や満足感、消費傾向などは、まったく異なってくるのである。

たとえば、ビジネス街の生活者は、流行を求め、グループによる外食利用が多い。一方、工業地帯の労働者は消費の計画性に乏しく、金銭感覚も大雑把であり、食生活も外食が多い、という傾向がある。

また、男性の消費志向は計画的でなく、惰性やその場の勢いに乗せられやすい。一方、女性は日常的にシビアだが、誘惑的な商品に対しては、衝動的な消費志向が強い、というのが一般的である。

さらに若者は、生活行動範囲が広いことから時流に敏感であり、ファッションやトレンド商品に走りやすい。

一方、高齢者は、情緒的商品や文化的商品（健康や伝統、歴史など）への消費志向が強い、という傾向があるようだ。

●都市化している意識や生活スタイル

以上のように、その地域の生活者の消費傾向からメニューの方向性を探るのだが、現代の大きな特徴として理解しておくべきことが、「都市化」である。

全国的に都市化が進み、お客の意識や生活スタイルも都市化してきている。ところが人間は、ひとつの影響を強く受けると、まったく逆方向への郷愁を抱きがちなものである。

昔からなじんできたものや、その土地に根づいているものに安心感を覚え、それを欲することがある。

その結果、「その土地に合った味」や「その店らしい味」を求めるようになることも少なくないのである。

＊＊＊ メニュー設計の手順 ＊＊＊

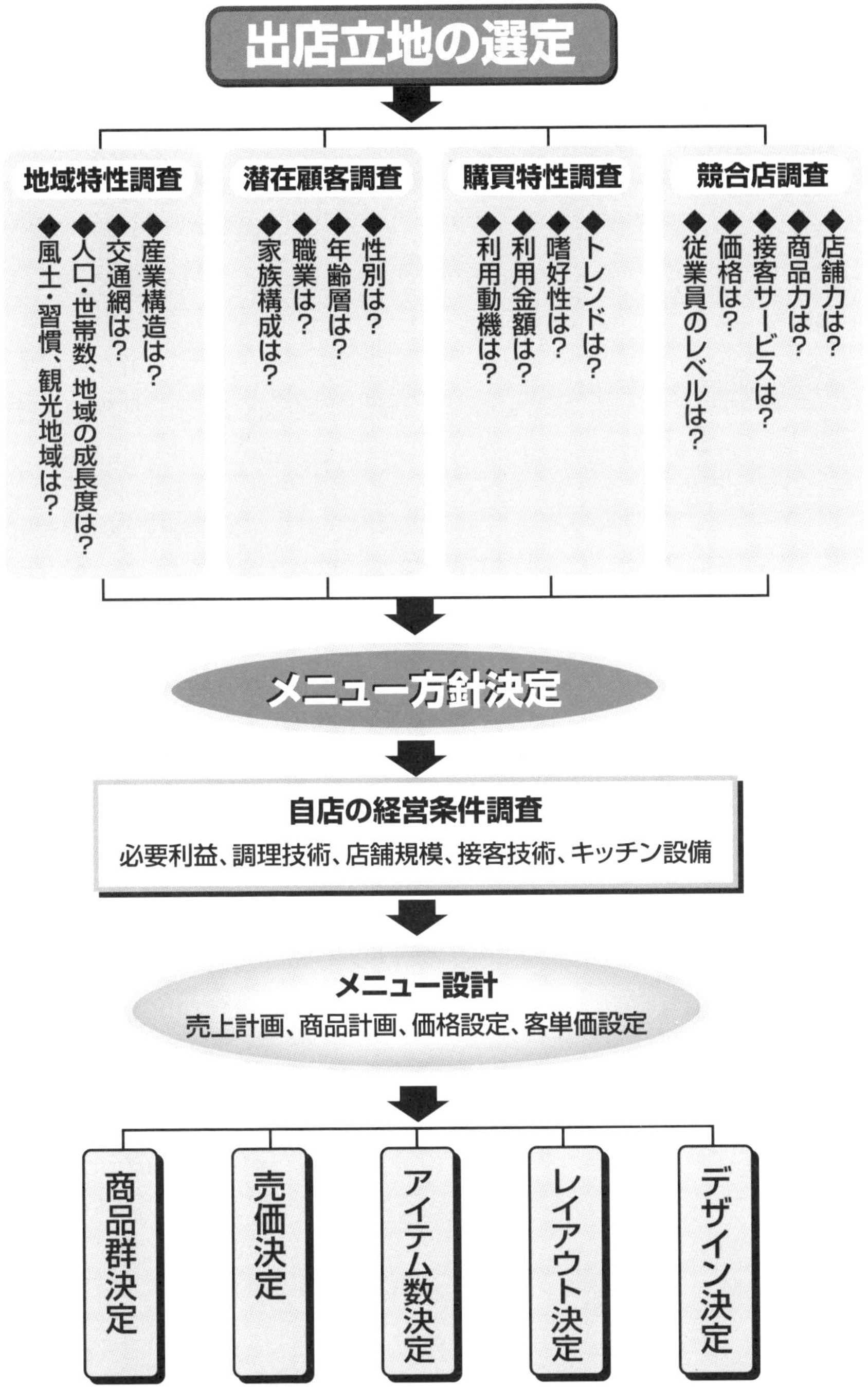
出店立地の選定
地域特性調査
◆産業構造は？
◆交通網は？
◆人口・世帯数、地域の成長度は？
◆風土・習慣、観光地域は？
潜在顧客調査
◆性別は？
◆年齢層は？
◆職業は？
◆家族構成は？
購買特性調査
◆トレンドは？
◆嗜好性は？
◆利用金額は？
◆利用動機は？
競合店調査
◆店舗力は？
◆商品力は？
◆接客サービスは？
◆価格は？
◆従業員のレベルは？
メニュー方針決定
自店の経営条件調査
必要利益、調理技術、店舗規模、接客技術、キッチン設備
メニュー設計
売上計画、商品計画、価格設定、客単価設定
商品群決定
売価決定
アイテム数決定
レイアウト決定
デザイン決定

2 地域の風土や習慣を調査しよう

立地調査において、忘れてはならないことは、ターゲットとなるお客が利用できる金額の予測である。この価格設定は、立地環境や店の営業形態、店格、商品レベルなどを考慮しなければならないが、顧客の来店頻度にも大きな関わりを持ってくることから、メニューコンセプトの重要なポイントとなってくる。

たとえば利用動機が、グループによる宴会やパーティー、食事会などの場合は、１人当たり５０００円が一般的な利用額となる。家族連れなら１万円まで、カップルの場合は１人５０００円まで、ランチの利用は１０００〜１５００円、夕食の場合は３０００円まで、ファミリーレストラン利用の場合は１５００円未満。ファーストフード店の場合は３５０円まで、高級レストラン利用なら１万５０００円まで、といった具合である。

利用動機に応じた利用金額がある

以上は、一般的な飲食での利用金額だが、こうした利用動機に応じた額を参考にしながら、価格設定を行なっていくのである。

設定金額が一般的でない場合は、付加価値の付け方によって、メニューづくりを工夫していかなければならない。

しかし、どのような店舗立地にも、その土地ならではの「風土」や「地域性」が潜在している。消費者の買い物の行動範囲が格段に広くなってきている今日、遠方客をつかむためにも、その土地だけに潜む、優れた性質や特色をとらえて、メニューへと反映させていくことが重要である。

たとえば、観光地などに多く見られるように、名所、名物、寺社仏閣などに関係した素材やネーミング、提供方法といったロケーションを、うまく取り込む方法もある。

商圏が広がる可能性も大きい

南北に長い地形の日本の場合、各地域の気候条件（風土）は大きく異なってくる。気候条件と食生活は密接な関係にあるため、いかに、その特徴をつかむかが、メニューづくりのポイントとなる。

たとえば寒冷地方では、動物性脂肪を多く使用したメニューが好まれるが、高温地方は香辛料を使用したメニューが多いなど、厳しい気候条件の地域は、料理の特徴がはっきりしている。

風土や地域性を活かしたメニューは、商圏を広げられる可能性も大きいだけに、小規模店であっても、積極的に取り組んでいきたい、メニュー開発のポイントである。

＊＊＊ 外食利用動機による限界利用金額 ＊＊＊

単位（円）

客層	日常利用金額		非日常利用金額	
	ランチタイム	ディナータイム	ランチタイム	ディナータイム
男性客	600～800	1,500～3,000	1,500～2,500	3,000～8,000
女性客	700～900	1,500～2,500	1,500～2,500	2,500～5,000
学生客	400～500	800～1,000	1,000～1,500	1,800～2,100
主婦客	1,000～1,500	2,000～3,500	1,500～3,000	3,500～5,000
カップル客	800～1,000	1,800～2,500	1,500～2,500	2,500～5,000
ファミリー客	500～700	1,000～1,500	1,000～1,500	1,800～2,500
サラリーマン・OL	650～850	1,500～2,800	1,000～2,000	3,000～5,000
若者世代	500～700	1,000～1,800	1,000～1,500	1,800～2,500
ブライダル世代	800～1,000	2,500～3,500	1,500～2,000	2,500～5,000
アダルト世代	800～1,000	3,000～5,000	1,500～2,500	5,000～10,000
シルバー世代	1,000～1,500	3,000～5,000	2,000～3,000	5,000～8,000

店の規模、営業コンセプト、来店動機によって、1人当たりの利用限度額はコントロールされる

＊3＊ 自店の〝経営ポジション〟を知ろう

立地調査によって、その地域の消費傾向や経済力、生活習慣、人々の嗜好などが把握できたら、次に、営業形態や店舗規模、ターゲットとする客層を計画し、それらに基づいて商品群、商品数、価格帯といったメニュー設定を行なう。

つまり、お客から求められているものを〝形〟にしていくわけだが、その前に、自分の店の〝経営ポジション〟を理解しておかなければならない。どんなにすばらしい出店計画でも、経営する側に、それに対応できる人、モノ、金がなければ、実現できないからだ。

メニューを考える場合も、自店の能力（技術力、店舗力、資金力）に合ったものにする必要がある。

●4つの経営スタイル

飲食店の〝経営ポジション〟は、経営資源の質と量の面から、4つの経営スタイルに大別することができる。

第一は、「**リーダー型飲食店**」である。これは、ある商圏内の地域一番店や大手チェーン店などを指す。地域に与える影響も大きいことから、常に顧客の欲求をつかんで、名声と店のイメージを確保するための価格設定を行なうことが重要である。

そのためには、綿密な市場調査やアンケート調査などによって、売り方や商品価格を決めることがポイントとなる。

第二は、「**チャレンジャー型飲食店**」。店が、まだ発展途上にあり、地域一番店をめざす店である。このような店の場合、利潤や店のイメージを多少犠牲にしてでも、競争を意識した積極的なメニューづくりを行なって、「差別化戦略」を重視しながら、成長を促進していくことが大切である。

●それぞれの店で、価格設定に工夫が必要

第三は、「**ニッチャー型飲食店**」である。「ニッチャー」とは経済用語で、市場の中で、あまり注目されていない〝隙間〟的な売り方を意味している。

飲食店においては、〝スッポン料理〟や〝川魚料理〟といった、専門性や特殊性のある商品を売り物にしている店を指す。独自の強みを持っているが、大型店には向かないため、質の向上に努めて、高付加価値を前提とした価格設定が重要となってくる。

第四は、「**フォロアー型飲食店**」だ。一般的に、家族経営の小規模店・生業店を指す。規模的に優位に立つことはできないが、商品や価格変更に小回りがきくため、大手チェーン店のやり方を真似しても効果は上がる。ただし、価格設定に工夫が必要となる。

＊＊＊経営ポジションとメニュー戦略マトリックス＊＊＊

高 ↑ 規模力 ↓ 低

チャレンジャー型飲食店

ウチは、地域一番店をめざします！

- 独自性の高いメニュー開発に力を入れる
- 低価格メニューにも意欲的に取り組み、顧客勧誘に努める
- メニューをはじめ、接客、販促、イベントなどで差別化をアピールする

リーダー型飲食店

- ニーズやトレンドをいち早く取り入れ、新しい食生活提案に努める
- メニューの幅を広くとらえ、選択の喜びをメニューに活かす
- 季節や生活行事を敏感にとらえて、日常食生活に反映させる

フォロアー型飲食店

他店で地鶏メニューが売れているから、うちも何か考えよう！

- 他店で売れているメニューを取り入れて、オリジナルに改良する
- 季節や気候に敏感に対応して、タイムリーなメニューを完成させる
- 大手チェーンの価格競争には絶対に参画しない

ニッチャー型飲食店

もっと、オリジナルなものを開発しなくては…

- 他店に真似のできないオリジナルメニューを開発する
- 専門店を強調するメニューに絞り込んで、メニューに奥深さを出す
- 徹底した高品質商品をめざし、来店顧客のリピートを狙う

低 ← 技術力 → 高

4 メニューの品種・品目数の決め方

自店の〝経営ポジション〟によって、メニューの品種・品目数は違ってくる。それぞれの店に課せられた、使命的な「基本コンセプト」が異なっているわけだから、当然である。

これは、店舗規模や営業形態、商品コンセプトなどに基づいて計画することである。

店舗規模、営業形態から決めるには?

一般的に、店の規模によって、月間の来客数や利用頻度は異なってくる。

大型店は収容客数が多く、その利用のされ方も多様なので、メニューの品揃えも豊富にしておく必要がある。この目安としては、客席数の60%以上のメニューを揃えることである。大型店では、1人当たり1回の注文品数が2品以上になる場合が多いため、ある程度の幅広い品揃えが大切である。

小規模店の場合は、これとはまったく逆になる。冷蔵庫や収納庫のスペースもそれほど取れないため、多品種メニューは食材ロスの原因となり、客席数から見ても商品の回転率が非常に悪くなる。

したがって、おすすめ料理やオリジナル商品を中心に、自店の客席数を目安に、それと同程度の品目数に抑えておくべきだろう。

次に、営業形態から品種・品目数を決めるやり方は、お客の利用形態を見きわめてから、メニュー数を決めていく。食事主体の店の場合は、お客に飽きられずに来店頻度が高められる品揃えが必要になる。かといって、定番商品だけに固執するのではなく、「本日のおすすめ料理」なども用意して、それを差し込みメニューでアピールしていくのだ。また、定番のメニューは、できるだけ絞り込んでおくべきである。

居酒屋のように、飲酒と食事の利用を兼ねた形態の店は、3~4人のグループでの利用が主体で、1人当たり平均3品以上の注文が多いため、メニュー数は豊富に揃えておく。

細心の注意を払って決めよう

最後に、商品コンセプトから品種・品目数を決めるやり方は、店の商品のテーマをもとにメニュー数を設定する。

たとえば、海の幸をテーマにした店なら、その主力となる魚料理を5~6品揃え、その他の魚料理を調理法別に3~4点ずつ揃えていく。

さらに、こうした魚料理を引き立てるために、肉や野菜、ご飯メニューも少数揃えるようにする。

いずれにせよ、メニューの品種・品目数を決めるには、細心の注意が必要なのである。

＊＊＊ 経営ポジション別メニュー品種・品目数の方向性 ＊＊＊

リーダー型飲食店のメニュー

メニュージャンル

メイン料理をテーマに、セットメニュー、サラダ、ライス、ヌードル、スナック、デザート、喫茶、アルコール類など、幅広く。1食材多品種メニュー。差し込み、POPメニューを多く活用

メニューアイテム数の特徴

客席数の60%以上に

チャレンジャー型飲食店のメニュー

メニュージャンル

オリジナル料理をテーマに、セットメニュー、コースメニュー、酒肴メニュー、デザート、喫茶、アルコール類など、幅広く。価格帯も、高単価商品から破格商品まで、幅広くとらえる。多食材多品種、多価格帯メニュー

メニューアイテム数の特徴

客席数と同数以上に

ニッチャー型飲食店のメニュー

メニュージャンル

すべての料理に独自性を追求し、一品料理、酒肴、サラダ、ライス、アルコール類などに絞り込む。グランド商品を限定し、少数食材少品種メニュー

メニューアイテム数の特徴

独自商品50%を目安に

フォロアー型飲食店のメニュー

メニュージャンル

店のテーマ商品に加えて、リーダー型飲食店やニッチャー型飲食店のヒットメニューを導入。食事メニューと酒肴メニューを明確に分ける。日替わりメニューを増やす。1食材多品種メニュー

メニューアイテム数の特徴

客席数の70%以下に

5 メニューの値付けには、正確な原価計算が不可欠

外食産業における成功の秘訣は、メニューの正しい値付けにある。小規模店では、未だに〝どんぶり勘定〟的な値付けが多く見られるが、経営的には大変危険、と言っていいだろう。

現代のお客は、商品価格に対して厳しい目を持っており、商品が高すぎても低すぎても敏感に反応する。もしお客が、そこに満足を見出すことができなかったら、お客は二度と、その店で食事をしようとは思わないだろう。

それだけに、メニュープランニングにおける価格の設定は、きちんと行なわなければならない。

その第一歩は、食材原価の分析である。商品は、投資や原価、危険の度合の見返りとして、満足すべき利益が保証されるものでなければならないからである。

まず、「メニュー基準表」を作成しよう

適正な値付けをするためには、「メニュー基準表」の作成が欠かせない。これは、以下に示すような手順にしたがって作成する。

・食材の歩留り計算をする（食材仕入額を、ロス分を差し引いた総使用量で割る）
・メニューに使用する食材の分量を決定する
・各食材の単価を調べて、使用金額を記入する
・使用食材の合計金額を計算する
・使用食材合計金額を設定売価で割り、原価率を算出する
・原価率の高低によって、売価や食材を調整する
・盛付けや調理ポイントなどを記載しておく

左ページに示したのが、「メニュー基準表」のサンプルである。これを、メニュー1品ごとに作成し、値付けを検討していく必要がある。単なる勘だけでは、適正な売価設定はむずかしいからである。

原価率の設定は、飲食店経営の根幹に関わる

前述したとおり、価格に対するお客の目が厳しくなってきているため、飲食店経営の根幹に関わるメニューの原価率の設定にあたっては、十分な検討が必要である。

たとえば、固定費や人件費が高い場合は、原価率を低めに設定しておかないと、売上げを追いかけるだけの苦しい経営になる。

また逆に、店舗の雰囲気や内装が粗雑だったり、立地条件や交通のアクセスが悪い場合には、原価率を高めにして、お客にお値打ち感をアピールしなければ、集客はむずかしいだろう。

＊＊＊ メニュー基準表フォーマット ＊＊＊

店名		MENUレシピ			開発者名
商品名		売価			作成日　年　月　日
NO	使用食材名	使用量	歩留単価	食材原価	下ごしらえと調理法
1					
2					
3					
4					
5					
6					
7					
8					
9					
10					
11					
12					
13					
14					

調理時間　H	総量	材料費計　円	原価率　%	粗利　円

タレ、ソース、その他の調理要点	ディスプレー要点	調理注意事項

6 価格設定は、メニューづくりの総仕上げ

価格設定は、メニューづくりの最終段階になる。それだけに、売上計画やターゲットとする客層を踏まえながら、慎重に考えていかなければならない。

もし、この段階でミスをすると、開業しても、すぐに値上げや使用食材の変更といった、思わぬアクシデントが発生する場合があるからだ。

自店の、適正な利益計画に基づいたメニュー価格の設定の仕方については、前述した〝経営ポジション〟を念頭に置いて、以下の4つの方法を参照していただきたい。

4つの価格設定法

・食材原価率による価格設定法

食材原価率をあらかじめ設定しておき、そこから売価を求める方法。そのため、粗利益の中で、さまざまな経費や利益が確保できる計画が必要となる。

売上げの大きさによって、光熱費などの経費に大きな変化が生じる。これは、比較的、規模の大きな店に適した方法である。

・利益率（高）による価格設定法

必要利益をあらかじめ設定しておき、そこから売価を求める方法。この場合、正当な利益であることがポイントとなる。売価の中に、必要となる経費と利益が含まれていることから、安全かつ有利だが、経費の削減ができないと、売価が高めになってしまうため、競争に勝てない危険性がある。

・平均粗利益による価格設定法

自店の経営に必要な粗利益高を算出して、それを1品当たりに換算して売価を求める方法。

この場合、食材原価の低い商品は割高に、逆に高い商品は割安に感じられるため、すべての商品に均一に換算せず、〝サービス商品〟と〝利益を得るための商品〟とで、換算する粗利高の比率を変える必要がある。売上高が高くなるほど、売価は低く設定することができ、有利である。

・食材費による価格設定法

売価設定とは逆に、お客1人当たりの食材費の許容範囲を決定したうえで、売価を求める方法。食材費以外の諸経費や必要利益の数値を、正確に出しておくことが重要となってくる。

店の規模や経営スタイルによって選択

以上のように、店の規模や経営スタイルによって有利な値付け方法を導入することが、これからの飲食店経営の重要なポイントとなる。

愛読者カード

書名

◆ お買上げいただいた日　　　　年　　月　　日頃

◆ お買上げいただいた書店名　（　　　　　　　　）

◆ よく読まれる新聞・雑誌　（　　　　　　　　）

◆ 本書をなにでお知りになりましたか。

1．新聞・雑誌の広告・書評で　（紙・誌名　　　　　　　　）
2．書店で見て　3．会社・学校のテキスト　4．人のすすめで
5．図書目録を見て　6．その他（　　　　　　　　）

◆ 本書に対するご意見

◆ ご感想

- 内容　良い　普通　不満　その他（　　　　）
- 価格　安い　普通　高い　その他（　　　　）
- 装丁　良い　普通　悪い　その他（　　　　）

◆ どんなテーマの出版をご希望ですか

注文書

直接小社にご注文の方はこのはがきでお申し込みください。ただし、送料がかかります（冊数にかかわらず210円）。書籍代金および送料は商品到着時に宅配業者（クロネコヤマト）へお支払いください。到着までに1週間ほどかかります。

書　籍　名	冊　数

郵便はがき

料金受取人払

神田局承認

7781

差出有効期間
平成20年 6 月
14日まで

101-8796

511

(受取人)
東京都千代田区
神田神保町1—41

同文舘出版株式会社
愛読者係行

毎度ご愛読をいただき厚く御礼申し上げます。お客様より収集させていただいた個人情報は、出版企画の参考にさせていただきます。厳重に管理し、お客様の承諾を得た範囲を超えて使用いたしません。

図書目録希望　　有　　無

フリガナ お名前		性　別 男・女	年　齢 才
ご住所	〒 TEL　　　(　　　)　　　Eメール		
ご職業	1.会社員　2.団体職員　3.公務員　4.自営　5.自由業　6.教師　7.学生 8.主婦　9.その他(　　　　　　　　)		
勤務先 分　類	1.建設　2.製造　3.小売　4.銀行・各種金融　5.証券　6.保険　7.不動産　8.運輸・倉庫 9.情報・通信　10.サービス　11.官公庁　12.農林水産　13.その他(　　　　　　　　)		
職　種	1.労務　2.人事　3.庶務　4.秘書　5.経理　6.調査　7.企画　8.技術 9.生産管理　10.製造　11.宣伝　12.営業販売　13.その他(　　　　　　　　)		

＊＊＊メニューの値付け設定法＊＊＊

① 食材原価率による価格設定法	原価率をあらかじめ設定しておき、売価を求める方法。コスト管理技術が必要になる $\frac{\text{使用食材原価（1品分）}}{\text{設定原価率}}$＝売価
② 利益条件による価格設定法	**（「利益率」によって売価を求める場合）** 必要利益率をあらかじめ設定しておき、売価を求める方法。正当な利益であることがポイント $\frac{\text{食材原価}}{\text{1－（食材を除く総経費率＋必要利益率）}}$＝売価 **（「利益高」によって売価を求める場合）** 必要利益高をあらかじめ設定しておき、売価を求める方法。幅広いポジションで適用が可能 $\frac{\text{食材原価＋必要利益高}}{\text{1－（食材を除く総経費率）}}$＝売価
③ 平均粗利益による価格設定法	経営に必要な粗利益高を算出して、それを1品当たりに換算して売価を求める方法 $\frac{\text{年間必要経費＋年間必要利益}}{\text{年間売上商品個数}}$＝1品当たりの必要粗利高 食材原価＋1品当たりの必要粗利高＝売価
④ 食材費による価格設定法	使用食材許容額を決定したうえで、売価を求める方法。基本的な売価設定法である 設定価格－（設定価格×（総経費率＋必要利益率）） ＝1品当たりの許容原料費 （例）人件費率28％、諸経費率12％、固定費率15％、商品売価1,000円、必要利益率18％とすると、 1,000－(1,000×0.73)＝270 食材費許容額は270円となる

7 メニュー構成にも配慮しよう

メニューづくりにあたっては、「メニュー構成」にも十分な配慮が必要となる。

メニュー構成とは、お客に味のバラエティーを見せる一方で、経営効率を高めるための手法である。これは、品揃えと類似している点もあるが、基本的にはまったく異なっている。

品揃えは、商品の豊富さや商品のテーマを訴える手段だが、メニュー構成は、食材、調理法、味付け、主食、副食、アルコール、デザートといった具合にメニューを分類し、それぞれの比重のかけ方によって、店の営業方針を明確にしていく考え方である。

これらの比重によって、キッチンオペレーションのあり方や原価率を調整していく役割もはたすのである。

●比重のかけ方に注意しよう

たとえば、食材メニュー群を多く構成した場合には、商品の加工度が低くなるため、キッチンオペレーションや人件費はコントロールしやすくなる。

逆に、調理技術を要する商品加工度の高いメニュー群を多く構成した場合には、人件費が膨らむ一方、原価率は低く収まる。

また、アルコールのメニュー群を多くすれば、酒肴類のメニューも計画しなければならないが、客単価は高く設定できる。若者や女性向きのデザートや喫茶メニューが多ければ、原価率が低く抑えられるという利点はあるが、客単価は低く、客席回転率も悪い店となる。

さらに、食事メニューを主体としたメニュー構成の場合は、全体のバランスを重視しなければならない。

まず、料理の味付け別（醤油味、味噌味など）、調理工程別（焼き物、煮物、揚げ物など）、食事スタイル別（御膳、セット、単品、丼など）と、副菜となる料理とのバランスを考えて、アルコール類やデザート、喫茶類を組み合わせたメニュー構成が重要となってくる。

●売上げや客単価への影響は大きい

この場合、キッチンオペレーションや原価も考慮しなければならないが、メニュー構成は、売上げや客単価への影響も大きい。

いずれにせよ、メニューづくりは将来の経営をもにらんだうえで計画していかなければならない。

それは、メニューのあり方が、お客の利用動機を決定づけ、その後の商売に、大きな影響を及ぼしていくことになるからである。

＊＊＊メニュー構成基本設計表＊＊＊

NO	商品名	売価（円）	構成	調理法	構成	調味	構成	運営	構成	ターゲット客	構成
1	バンバンジー	800	M	冷製	冷	ゴマ味	辛味	板場	②	飲酒	夜
2	クラゲの和え物	550	S	冷製	冷	酢醤油	酸味	板場	②	飲酒	夜
3	焼き豚	600	S	冷製	冷	醤油	塩分	板場	②	飲酒	夜
4	酢豚	850	M	炒め	温	甘酢	酸味	鍋場	①	全	全
5	かに玉	1,000	M	あんかけ	温	甘酢	酸味	鍋場	①	全	全
6	エビチリソース	1,200	M	炒め	温	チリ味	辛味	鍋場	①	全	全
7	鶏唐揚げ	780	S	揚げ物	温	塩	塩分	揚場	③	全	全
8	春巻き	400	S	揚げ物	温	醤油	塩分	揚場	③	全	全
9	牛肉炒めセット	1,400	M	炒め	温	牡蠣油	塩分	鍋場	①	食事	昼
10	ラーメンセット	800	M	茹で	温	醤油	塩分	麺場	④	食事	昼
11	ギョウザセット	750	M	焼き	温	塩＆醤油	塩分	焼場	③	食事	昼
12	五目ラーメン	650	M	炒め＆茹で	温	醤油	塩分	麺場	④	食事	全
13	担担メン	700	M	炒め＆茹で	温	ゴマ味	辛味	麺場	④	食事	全
14	焼きギョウザ	350	S	焼	温	塩	塩分	焼場	③	全	全
15	海老シュウマイ	400	S	蒸し	温	塩	塩分	蒸し	③	全	全
16	チャーハン	650	M	炒め	温	塩＆醤油	塩分	鍋場	①	食事	全
17	中華丼	700	M	炒め	温	醤油	塩分	鍋場	①	食事	全
18	アンニンドウフ	450	S	冷製	冷	砂糖	甘味	冷蔵	②	食事	全
19	ファミリーコース	2,500	S	冷・揚・焼・蒸・炒	全	全	全	全	全	食事＆飲酒	夜

●M＝メインメニュー　S＝サブメニュー　●冷＝冷菜　温＝温菜　全＝冷・温
●辛味＝辛い味付け　塩分＝塩分味付け　酸味＝酸味がある　甘味＝糖分味付け　全＝いろいろな味付け
●①＝鍋周りポジション　②＝切り込みポジション　③＝揚げ物・焼き物ポジション　④＝茹で麺機ポジション
●夜＝夜型メニュー　昼＝昼型メニュー　全＝デイリーメニュー

この表は、メニュー構成を充実させるための教材である。

それぞれの構成が、バランスよく組み合わされていることが望ましい。しかし、運営については、あまり複雑にならないよう、注意が必要

8 メニュー一品の基準をつくろう

多くの人が経験していることと思うが、店に行くたびに、料理の味や量、盛付けが違っている場合がある。そのような店に限って、専従の調理人（プロ）がいる。しかし、これでは店の信用はガタ落ちになる。

この原因は明白で、調理人だけしか、料理に関われない（キッチンやメニュー）仕組みにある。

調理人の、その日そのときの気分（感情）で料理をつくられたのでは、お客も経営者も、たまったものではないだろう。それを統一化するために、マニュアルがつくられている。マニュアルは、調理の基準を一品ずつ明確化し、いつも同じ味、量、形（盛付け）を定義づけるものである。

したがってマニュアルとは、いつ来店しても、お客の〝安心感〟や〝料理への期待〟を裏切らない仕組みと言っていいだろう。

●お客の欲求や生活スタイルを第一に考えよう

マニュアル重視だけでは、お客に〝飽き足りなさ〟を感じさせる場合もあるが、不安を与えず、一定のものをきちんと提供することに、マニュアル化（標準化）の意義がある。

ただしメニュー開発は、必ずお客の立場に立って発想し、創造することが大切である。中小飲食店は、経営者の個性を反映させたり、メニューの独自性をアピールすることが重要だが、そのこだわりが、お客の欲求や生活スタイルからズレていたのでは、お客の喜びは半減してしまうからである。

これまでの飲食店は、お客の満足を、Ｑ（クオリティ）、Ｓ（サービス）、Ｃ（クレンリネス＝清潔感）レベルの向上によって高めてきた。しかしこれからは、商品それ自体より、新しい生活価値の創造をテーマとした「戦略的ＱＳＣ」が重要となってくる。

つまり、テーマ性を重視した、お客への提案が必要になってくるのである。

●メニュー表をデザインしよう

今や、〝超成熟社会〟となり、美容・健康志向としての食への欲求や、自然環境とクロスした野外料理、伝統的・文化的料理など、精神の豊かさと食が折り重なった欲求が生まれてきている。このような時代背景と、人々のニーズを飲食店経営に反映させるには、メニュー戦略が一番となる。

そして、最後に、メニュー表の作成に取りかかるわけだが、商品を、より有利に販売につなげるためのものだから、デザインやレイアウトにも、ひと工夫が必要である。これは、8章で後述したい。

＊＊＊これからは「戦略的QSC」が必要だ！＊＊＊

	これまでのQSC	これからのQSC
Q クオリティ（品質）の考え方	商品の高品質化を付加価値として、顧客の満足を求めてきた	ライフスタイルを的確にとらえ、時流や食生活に合った商品テーマを提案する
S サービス（接客）の考え方	ホスピタリティに徹して、奉仕と感謝の心で顧客の満足を追求する	情緒が満たせるメンタルなサービスと、安心･安全、健康を気遣う
C クレンリネス（清潔感）の考え方	清潔に磨かれ、整理･整頓された店舗空間によって、店の価値を高める	アメニティとシーンを追求した、居心地のよい店舗空間。とくに、自然を活かした清潔感

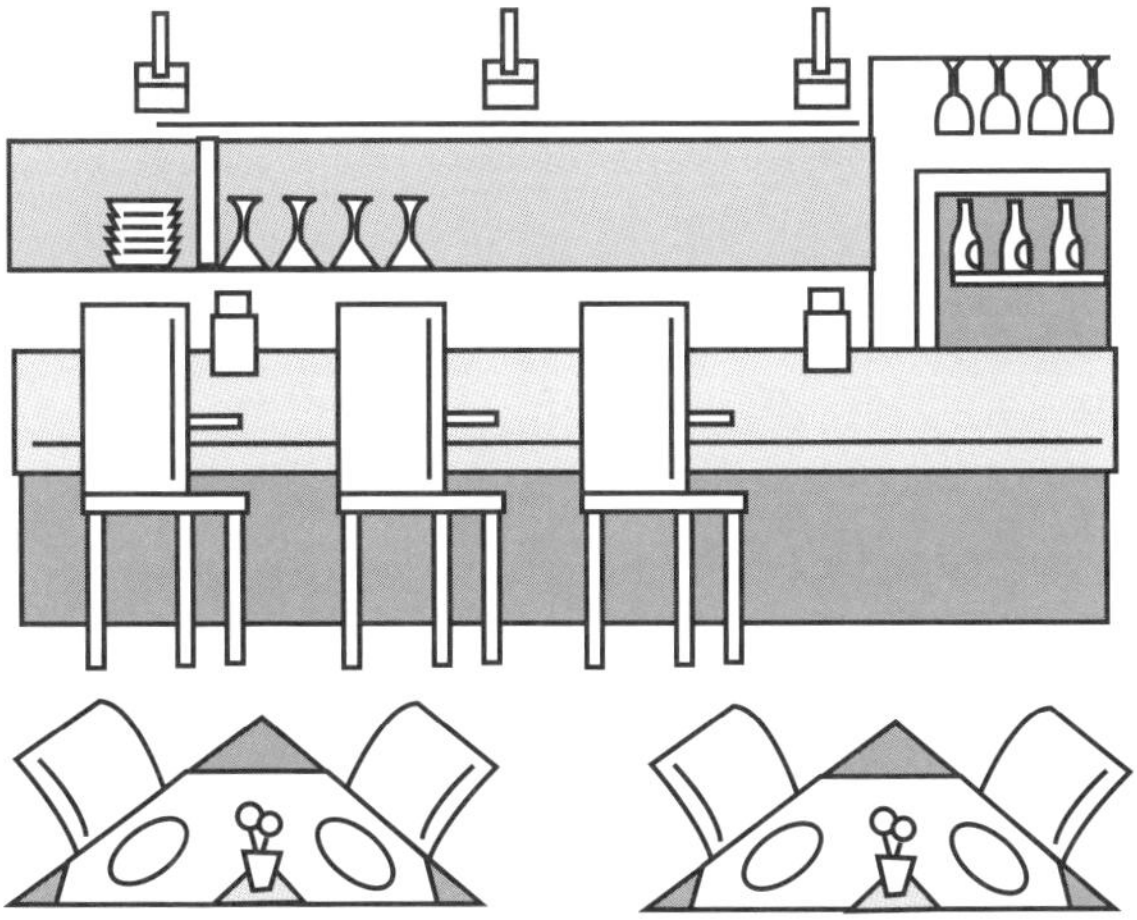

9 商品名にオリジナリティーを

最後に、メニュープランニングにおける、「ネーミング」の重要性について触れておこう。

コンサルティングを頼まれた店のメニュー分析をしていると、商品力があり、価格も割安なのに、さっぱり売れない商品を見かけることがある。

こうしたケースでは、ほとんどと言っていいほど、商品のネーミングに問題がある場合が多いようだ。

最近では、飲食店間のメニューは類似してきており、商品名もありきたりのものが多くなっている。

しかし、ネーミングも立派な商品差別化の手法である、ということを再認識しておきたい。

●意味不明なタイトルや奇抜な名前はダメ

しかし、意味不明なタイトルや奇抜な名前では、店のイメージダウンにもなりかねない。商品名は、営業コンセプトや商品コンセプトにちなんで、店の雰囲気と客層に合わせてつけることが大切なのだ。

ネーミングの留意点は、以下のとおりである。

・誰もがわかりやすく、理解しやすい
・呼びやすい
・印象的で覚えやすい
・読みやすい文字
・スムーズで、心地よい発音語

●ヒット商品「おしゃべりポテト」

私が開発したヒット商品に、「おしゃべりポテト」がある。現在では、指導先の飲食店の多くがメニューに取り入れているが、もとは、秋田市内の中華居酒屋のメニューの一品として開発したものだ。頬杖をついて、会話をしながら飲食する若者たちを観察することから思いついたものである。

パリジャンポテト（冷凍）をフライにし、ニンニクの薄切り揚げと醤油、みじん切りのパセリをまぶしただけの、とても料理とも言えないような、簡単な一品である。コロコロしたポテトを長い竹串で刺し、頬杖をつきながら食べる楽しそうな光景――ネーミングは、「おしゃべりポテト」以外になかった。

ほとんどの客が、メニューをのぞいて聞く。「おしゃべりポテトって何?」。これが狙いである。客同士、あるいはお客と従業員の会話が弾むことを期待して、命名しているからである。

この「おしゃべりポテト」は、どこの店でも、売れ筋メニューの3位以内に入るヒット商品となっている。

＊＊＊ メニューネーミング表現法 ＊＊＊

ネーミングテーマ	表現テクニック	特長	事例
食材用語法	食材名を活かして料理名をつける	主要食材をアピールすることによって、価値を感じさせる	マグロの刺し身 イカ納豆 クリームチキン
調理用語法	調理方法を料理ネーミングとする	食べたいメニューが選びやすい	蒸し鶏 アジのたたき造り 魚の香草焼
歴史・人物法	料理の歴史、由来、伝統・文化、昔話をネーミングに用いる	料理の高級感、重量感、食文化が訴えやすい	トンポーロー 利休揚 担担麺
地域・環境法	地域の名所や方言、風習などをネーミングに用いる	地方色や名産品がアピールしやすい	若狭焼 天津麺 博多ラーメン
店名法	店名にちなんで、料理名を設定する	特別な料理、独自性が表現しやすい	○○焼 ○○揚 ○○御膳
造語法	流行語や遊び言葉などを用いてネーミングする	楽しさ・新しさ、オリジナリティーが表現しやすい	おしゃべりポテト やまかけ きつねうどん
複合名詞法	さまざまな名詞を組み合わせてネーミングする	料理の内容が、ひと目でわかりやすい	焼き鳥 サケなます 五目そば

コラム

＊メニューづくりは女性に学べ！＊

メニューは、何のためにつくられているのだろうか。飲食店の管理者であれば、経営を戦略的に有利に導くためと、お客を満足させるためであることを知っている。ところが、そのメニューが、お客のためにつくられているとは考えにくいものもある。

「原価計算を第一に」、「合理性の高い料理を」、「素人でも簡単にできる料理を」、「スピード提供できる単純な料理を」、「低原価で高額販売を」、「客単価が高い料理を」など、店側の有利な点ばかりが盛り込まれているメニューである。もし、お客がこれを知ったら、店に足を運んでくれることはないだろう。これらのメニューには、お客の存在がまったく感じられないからである。

創造的なメニューは、女性によってつくられるのではないだろうか。その理由は、ほとんどの人が母親の料理で育ち、結婚すると今度は、奥さんの料理で生活を過ごす。つまり、女性はこの間、飽きさせることなく、献立を考えることができるという特質を持っているからである。

しかし、母親も奥さんも、プロの料理人と比べると、それほど手間暇をかけ、材料を吟味して料理をしているとは思えない。では、なぜ彼女たちの料理は飽きられないのだろうか。

この“女性的献立法”が、メニューづくりのポイントと言える。母親や奥さんがつくる料理には、食べる相手を「想う心」が活かされている。暑いときは「さっぱりしたもの」を、寒いときは「体が暖まるもの」を、子供や夫に元気がないときは「スタミナや元気が出るもの」など、常に相手の状況を読み取って献立を考えている。まさに、メニューづくりの天才と言っていいだろう。このような、“相手を想う心”が、何十年もの間、飽きられないメニューの基本を生むのである。

しかし、飲食店のメニューはどうだろうか。お客の好みや地域の食生活の習慣や風習、嗜好性などをまったく意識せず、店の都合ばかりを盛り込んだメニューだとしたら、飽きられるのが当然だろう。それどころか、そのような独善的なメニューは経営危機を招く恐れすらある。

メニューの中には、必ずお客が存在していることを、くれぐれも忘れてはならないのである。

6章

食材を制する者がメニューを究める

1

独創メニューを開発する視点

これからの〝飲食店過当競争時代〟を勝ち抜くためには、その店にしかない、独創性のあるメニューによる付加価値づくりがポイントとなってくる。

では、この独創メニューの開発を成功させるための発想や視点について解説しよう。

・お客が好む食材から発想する

この方法は客側に立って、人気のある食材を、独自の技術やテクニックを駆使して開発するという考え方である。一般的な食材から独創性を生むため、高度な技術を要する。

●経営者の情熱、根気が必須

・一品にこだわることから発想する

この方法は、〝頑固おやじ〟的考え方だ。これは、「この店ならではの一品」と言われるまでこだわり、他店の追随を許さないものとする。販売戦略と経営者の情熱、根気を要する手法である。

・地域の特産品から発想する

地域で産出される特産品や食材をテーマに、他では見られない一品を開発するという考え方。これは、比較的容易な方法でもある。

・業態コンセプトの差別化から発想する

一般的な商品でも、店のテーマを、量や価格、提供方法などに活かすことによって、他店ではとうてい真似のできない商品へと変えてしまうもので、お客に強烈なイメージを与える。

・歴史上の題材から発想する

よく知られた歴史上の故事、人物、伝説、名称などをテーマに、商品イメージを確立する。成功率は比較的高いが、完成技術を要する。

●異なる料理の組み合わせにも挑戦しよう

・狙った客層から発想する

ターゲットとする客層をあらかじめ設定しておき、その客層の来店動機や購買動機に合わせて開発する。たとえば、女性をターゲットにした場合、健康、美容などを商品のテーマとする。

・異なる種類の料理の組み合わせから発想する

洋食と和食、中華と洋食といった、調理技術の組み合わせによって、新しい商品を開発する。

以上、大まかに7項目に分類してみたが、本章では主に、食材を中心にして解説していく。

＊ ＊ ＊ 独創メニュー開発のための7つの視点 ＊ ＊ ＊

2 これからは「食材革命の時代」だ！

繁盛店の自慢料理には、他店の商品とは違った、何らかのノウハウや魅力が隠されているものである。

たとえば、使っている食材が特別なものだったり、味付けに独自の工夫がされていたり、盛付けに細やかな気配りがされているなど、お客に満足感を与えるための〝仕掛け〟が施されている。

しかし、商品づくりは食材から始まる。どんな材料を使うかによって、商品の付加価値はさらに大きくなっていくわけだから、食材については、徹底的に研究する必要がある。

早い話、他店では使えない食材を使えば、それだけで、十分にオリジナリティーをアピールすることができるのだ。

●飲食店も、食材知識の向上が不可欠

これからは、「食材革命の時代」と言われている。たしかに、輸入食材も増えてきており、かつては入手が困難だった食材も、スーパーなどで簡単に手に入る時代になってきた。

また、お客の食材知識も格段に豊かになり、うかうかしていると、一般の飲食店の方が、後れをとるようなことにもなってきている。

メニューに使用する食材には、〝これでなければならない〟という決まりはない。世間には、溢れるほど豊富な食材が出回っているのだから、これまでの概念を捨てて、さまざまな素材を使ってみるべきである。

そうでないと、いつまでたっても新しい食材を使いこなすことができず、時流に遅れをとることになるからだ。

実際、食材の組み合わせを変化させたり、新しい食材を加えて意外性の高い商品を開発することは、それほどむずかしいことではないのだ。

●徹底的に「食材」を研究しよう

食材をテーマとして新商品を開発する場合、その食材自体の価値が問われてくる。また、食材に適した調理法なども考える必要がある。すなわち、その食材の特性を最大限に活かす努力をしなければ、「独創性」に長けていても、「ヒット商品」とはなり得ないからである。

いずれにせよ、中小飲食店にとって厳しい時代が続くが、それだけに、中小店にしかできない、こだわりのある商品開発が、厳しい競争を勝ち抜く大きな武器となる。

そのためには、徹底的に「食材」を研究することである。食材に着目していくことで、「自分の店では、何を売り物にしたいのか」が、はっきりしてくるはずだ。

食材を制する者が、メニューを究めるのである。

＊＊＊ 食材分類と活用ポイント ＊＊＊

食材	分類	食材名	活用ポイント
農林産物	葉茎菜類	キャベツ、ほうれん草、韮、ネギ、モヤシ、芹、春菊、京菜、油菜、芥子菜、筍など	付け合わせや漬物、炒め物
	根菜類	大根、人参、ゴボウ、レンコン、ウド、蕪、クワイなど	アクを抜く、煮物、詰物
	果菜類	ウリ、カボチャ、カリフラワー、トマト、ピーマン、キュウリ、ナス、唐辛子、オクラなど	他の食材との組み合わせ
	土物類	芋類、生姜、タマネギ、ラッキョウ、ニンニク、わさびなど	香りを活かした料理に
	豆類	そら豆、枝豆、グリンピース、さやいんげん、ナタ豆など	肉や魚介類と組み合わせる
	種実類	銀杏、栗、クルミ、ごま、落花生、麻の実など	他の食材を活かした材料
	キノコ類	えのき、椎茸、ナメコ、松茸、キクラゲ、舞茸、岩茸、栗茸、楢茸など	汁、炒め、ご飯など多様
	山野菜類	ぜんまい、わらび、浜ぼうふう、雪菜、タラの芽、つくし、ノビル、コゴミなど	季節感が出しやすい
	洋野菜類	セロリ、ブロッコリー、アスパラガス、マシュルーム、芽キャベツ、トリュフなど	素材を活かした漬物、煮物
	果実類	パイナップル、バナナ、りんご、みかん、マンゴー、パパイヤ、かき、梨、メロンなど	ソースやケーキ、炒めなど
海水産物	海水魚類	タイ科、ハタ科、アジ科、サバ科、フサカサゴ科、ニシン科、タラ科、サケ科（海水・淡水両属性）など	生食、スープ、煮物、焼き物
	淡水魚類	サケ科（海水・淡水両属性）、コイ科、カジカ科、ドジョウ科、ナマズ科など	味噌漬け、粕漬け
	甲殻類	海老、カニ、シャコ、サワガニ、アミなど	生食、茹でる、揚げ物、蒸し物
	魚卵類	イクラ、タラコ、数の子、カラスミ、キャビア、スジコなど	他の食材と組み合わせる
	海藻類	昆布、海苔、ワカメ、ヒジキ、トサカ海苔、モズクなど	炊き込み、スープ、他の食材と
	水産動物	イカ、うに、クラゲ、ホヤ、ナマコ、タコ、すっぽんなど	珍味、アジア料理
	貝類	アサリ、サザエ、アワビ、平貝、帆立て貝、はまぐり、かきなど	乾燥させてオリジナル料理に
酪農産物	鶏肉類	ささ身、胸肉、モモ肉、中抜き丸鶏、骨付きモモなど	スープに適している。揚げ物、煮物
	牛肉類	サーロイン、リブロース、フィレ、バラ肉、肩ロース、チャップ、アウトサイド、キューブロールなど	焼き物に適している。煮物、揚げ物
	豚肉類	ロース、フィレ、バラ肉、モモ肉、肩ロースなど	煮物に適している。焼き物
	羊肉類	ロース、バラ肉、モモ肉など	焼き物に適している。煮物、揚げ物
	馬肉類	モモ肉、ロースなど	生食、煮物
	その他	鳥モツ類、豚モツ類、牛モツ類	焼き物、煮物

3

食材の組み合わせで、意外性に挑戦しよう！

商品の差別化と言うと、ついつい大げさに考えてしまう人がいる。たしかに、プロの調理人でも、商品開発ができれば一人前と言われているほどで、新しい商品を生むには、アイデアと技術が必要となる。

しかし、飲食業においては、まったく新しい料理を創作するということはあり得ない。どんな名料理人でも、ある料理をベースにして、自分なりの工夫を加えてつくっていくのである。大切なことは、その工夫が、お客の胃袋とハートを満足させる内容でなければならない、ということである。

どんなに優れたアイデアと技術があっても、それが自己満足で終わっていたのでは、意味がないのである。

「イカ納豆」や「ブタキムチ」の成功

つまり、同じメニューでも、素材や調理法、盛付けが異なれば、それは立派なオリジナル商品なのである。ここで必要とされるのは、アレンジする能力と言っていいだろう。

もちろん前提として、たしかな食材知識と技術が必要となるのだが、食材の組み合わせを変えるだけでも、意外性のある商品を開発することはできるのである。

たとえば、現在ヒットしている商品の中にも、「イカ納豆」や「ブタキムチ」などのように、食材の組み合わせによって成功している例は少なくない。

これらのメニューは、食材の特徴を活かし、バランスよく組み合わせたことが、ヒットの要因である。

また、スパゲッティには和風もあるし、納豆まである。餅ピザやアボカド寿司も人気商品である。素材の特徴を活かし切ることができれば、オリジナルメニューは無限に近いと言っていいだろう。

材料は商品開発の基本

また、醤油の代わりに味噌を使う、塩を砂糖に変える、違った調味料を加えてみる、といった、逆転の発想も必要である。

「これが当然の味」と思っている料理に、七味唐辛子、中国豆板醤、ワサビ、生姜、カレー粉といった香辛料や酢、油類などを加えてみると、まったく違った味に生まれ変わるはずである。ゴマやナッツ類、フルーツ類も、おもしろい味を引き出す素材である。

商品開発の基本は材料である。どんな味になるか疑問でも、実行してみると、思わぬ何かを発見することもある。意外性への挑戦が、メニュー開発の〝名人〟を育て、その結果、差別化された商品が生まれてくるのである。

＊＊＊ 食材をテーマにした新メニューの開発 ＊＊＊

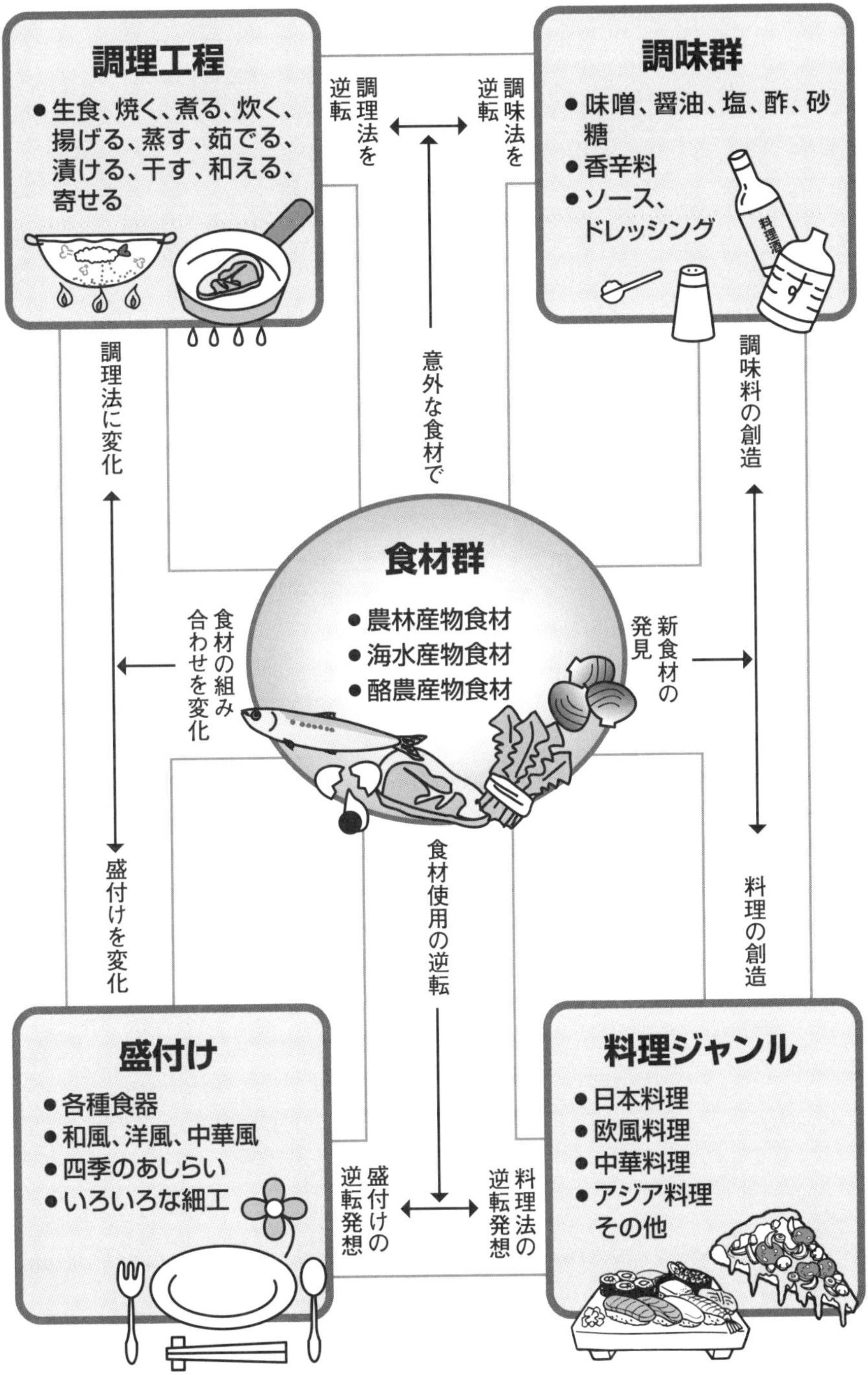
調理工程
●生食、焼く、煮る、炊く、揚げる、蒸す、茹でる、漬ける、干す、和える、寄せる
調理法を逆転
調味法を逆転
調味群
●味噌、醤油、塩、酢、砂糖
●香辛料
●ソース、ドレッシング
料理酒
す
調理法に変化
意外な食材で
調味料の創造
食材群
●農林産物食材
●海水産物食材
●酪農産物食材
食材の組み合わせを変化
新食材の発見
盛付けを変化
食材使用の逆転
料理の創造
盛付け
●各種食器
●和風、洋風、中華風
●四季のあしらい
●いろいろな細工
盛付けの逆転発想
料理法の逆転発想
料理ジャンル
●日本料理
●欧風料理
●中華料理
●アジア料理
その他

4 一般食材でも、メニューの差別化はできる

最近では、海外の珍しい食材を積極的に取り入れてメニュー開発を行なう飲食店が増えている。しかし、ただ目新しさを追うばかりで、お客の嗜好を探る作業を怠り、単なるアイデア料理の域を出ていないケースも少なくないようである。

また、輸入食材や珍しい食材が比較的入手しやすくなった結果、かえって、食材による差別化はむずかしくなってきている。

しかし、珍しい食材でなくても、昔ながらの「一般食材」でも、十分に独創メニューの開発はできるのである。

●「食」とは、保守的なもの

ここで言う一般食材とは、食肉、穀物、野菜、魚介類はもちろん、牛乳や鶏卵、豆腐、味噌など、食生活の基本となる食材を指す。

しかし同じ野菜でも、「有機野菜」というだけで、健康に敏感なお客は関心を持つはずだ。また、最近のお客は、本物志向が強くなってきているため、卵や食肉なども、「○○の産地のもの」で、十分にアピールするはずである。

こうした一般食材は、日常的に食べられていることから、一時的な流行に左右されることなく、安定した需要が期待でき、ヒットメニューに育ちやすいのである。

もともと、「食」とは保守的なもので、単なる新奇性だけでは、一時の話題にはなっても長続きすることはない。

もちろん、小規模店が食材にこだわろうとすると、仕入ルートの確保など、さまざまな問題が発生してくる。食材に対するこだわりと商品開発への飽くなき情熱がなければ、経営など、続けられるものではないだろう。食材業者を通じて仕入れることは楽だが、そこで終わっていたら、繁盛店など永遠にできるはずもないだろう。

●デパートの物産展に足を運んでみよう

デパートで催される〝全国うまいもの市〟などの物産展に足を運び、食材の調査を行なうことも、たいへん勉強になるはずだ。いくつかのデパートの、同一の食材を食べ比べてみて、気に入った食材があれば店員に生産地を聞き出し、直接産地まで出向いて行って、その食材を購入する。素材重視のオリジナル料理をつくるには、それくらいのこだわりは必要だろう。

小規模飲食店の経営は、ますます厳しい時代を迎えている。だからこそ、現代人の嗜好の変化を的確にとらえて、意欲的に新メニュー開発に取り組む姿勢が、ますます重要になってくるのである。

＊＊＊ 一般食材の付加価値対策 ＊＊＊

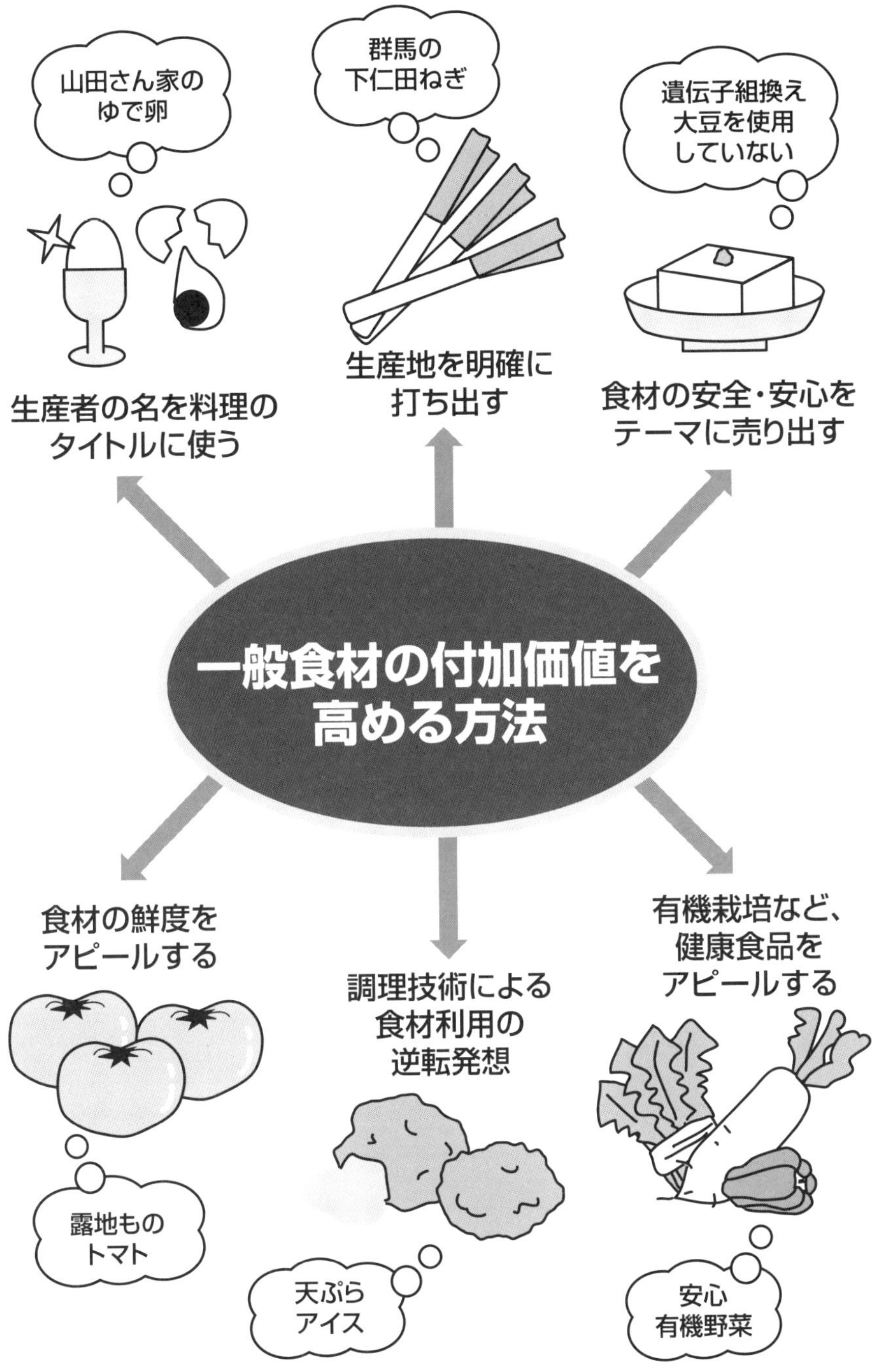
一般食材の付加価値を高める方法
山田さん家のゆで卵
生産者の名を料理のタイトルに使う
群馬の下仁田ねぎ
生産地を明確に打ち出す
遺伝子組換え大豆を使用していない
食材の安全・安心をテーマに売り出す
食材の鮮度をアピールする
露地ものトマト
調理技術による食材利用の逆転発想
天ぷらアイス
有機栽培など、健康食品をアピールする
安心有機野菜

5 人気の食材を使う場合はここに注意！

ヒットメニューは、闇雲な努力だけで生まれるものではない。その商品が、お客にとって「付加価値」の高いものかどうかが、最大のカギになるからだ。一般食材を使ってメニューの開発を行なううえでの最大の問題点は、高い調理技術が必要になる、ということである。

と言うのも、一般食材は家庭で食べ慣れていることから、お客は安心感が得やすい反面、小手先の工夫程度では、一般の家庭料理との差別化がむずかしく、お客を感動させることは容易ではないからだ。

その点、素材そのものの価値が高い食材を活用すれば、メニューの開発は、ずっと有利に展開できることになる。

●日本人がとくに好む、エビとカニ

エビとカニは、日本人がとくに好む素材である。海に囲まれた日本は、海産物に恵まれており、私たちの食生活には豊富な魚介類が浸透している。その中でも、とくにエビとカニへのこだわりは強い。そのどちらも、〝ごちそう〟として、幅広い年齢層から支持を得ている、人気の食材である。

したがって、エビやカニを使えば、メニュー開発において有利になることは間違いないが、すべてにおいて有利に働くとは限らない。

エビ、カニを好んで食べる人は多く、そのため、その〝おいしい食べ方〟が、よく知られているからである。

とくにこれらの食材は、単純な調理（焼く、蒸す、茹でる、干すなど）が、食材のうま味を引き出すことから、商品づくりにおいて、素材の持ち味を損なわないように注意しなければならない。

●経営不振の突破口

冷凍技術や流通の発達によって、タラバガニ、アマエビ、ボタンエビなどが、活食（刺身）用として多く利用されるようになり、素材の鮮度が重視される傾向が強い。

しかし、エビやカニを使って独自性の高い商品を生み出そうとする場合、刺身などの鮮度訴求型のメニューを超越した商品を考える必要がある。

その場合、アジア諸国のエビ、カニ料理を参考にすることもひとつの方法だろう。中華料理のエビチリソースや、タイのトムヤムクン（エビスープ）などは、和食と比べると意外性のある調理方法と言える。

いずれにせよ、エビやカニといった人気の高い食材を使った〝独創メニュー〟の開発に成功すれば、経営不振に陥った飲食店も、突破口を開くことができるだろう。

＊＊＊ 食材使用の虎の巻 ＊＊＊

- **高価な食材は、少量使って価値をアピールせよ！**
  ──→多量に使えば、価値が薄れる
- **日常的な食材は、独創料理で差別化を図れ！**
  ──→家庭料理の延長では、料理の価値は感じられない
- **産地直送の食材は、荷札や商品ラベルをメニューに貼れ！**
  ──→蘊蓄がおおげさな店ほど、ハッタリと思われるので要注意
- **青菜類は、炒め物でも、アク抜きをして使え！**
  ──→山菜のアクは、旬を感じさせる場合があるが、野菜のアクは料理の味のマイナスとなる
- **生鮮で食する食材を加熱調理するメニューをつくれ！**
  ──→生食では差別化が図れないことから、低価格でなければ付加価値は上がらない
- **根菜類は、長期間、冷蔵庫に入れるな！**
  ──→根菜は、低温度が続けば、素材の繊維が溶けやすい
- **葉物野菜は、湿気を保たせて冷蔵庫で保管せよ！**
  ──→葉物は、冷気に長時間触れていると水分が失われ、鮮度が落ちる
- **冷凍肉、魚介類は急速に戻すな！**
  ──→素材からドリップ（解凍汁）が出ると、食材のうま味を失う
- **炒め物用のニンニクや生姜は、既成ペーストを使用するな！**
  ──→食品保存添加物が、料理の香りを妨害する
- **丸買い食材（ひな鳥の一羽もの、魚の1匹もの）は、内臓をすぐに出せ！**
  ──→長時間保存することで生臭さが出たり、獣臭が強くなる
- **高額食材は、薄利多売で売れ！**
  ──→食材の使用回転期間が長くなれば、食材ロスは大金になる
- **旬の野菜はスーパーで買え！**
  ──→少量買いができ、値段も安い
- **肉の買いだめはしても、野菜の買いだめはするな！**
  ──→売れ残り肉は冷凍できても、野菜は冷凍できない
- **冷凍や缶詰め野菜は、一度ボイルしてから使用せよ！**
  ──→冷凍ガスや保存添加物の匂いが残る
- **肉や魚は暗所で保管せよ！**
  ──→紫外線によって肉色が変化する

6

伝統食材を見直そう①日本野菜

●日本野菜を洋食メニューに活用しよう

国際化が進んでいる今日、日本の伝統食材を、「和食」だけに限って使う時代ではなくなってきている。欧米で、日本料理がヘルシーメニューとして人気を得ていることからもわかるように、和食用食材は、現代人の〝美容・健康志向〟を満足させる食材として、十分に価値のあるものと言える。

たとえば、里芋、レンコン、ゴボウといったおなじみの日本の野菜を、洋食メニューに使ってみよう。風味や歯ごたえ、のどごしのよさ、季節感といった日本野菜の持ち味が、洋食メニューの新しい魅力になるかも知れない。

もちろん、実際に日本の伝統野菜を洋食メニューに活用する場合には、洋食と相性のよい野菜を選ぶことがポイントになる。

たとえば、トマトソースやペシャメルソース、ドミグラスソースなど、洋食でよく使われるソースと相性のよい野菜を選ぶようにしたいものである。

また野菜には、独特の渋みや苦みともいうべき〝アク〟があるため、それをなくすための下ごしらえが重要になってくる。とくに、日本の伝統野菜には、アクの強いものが多いので、〝アク抜き〟や〝アク止め〟をていねいに行なうことが必要である。

しかし、アクを抜く下ごしらえにおいては、野菜の風味や歯ごたえを損なわないように、十分に注意したい。

●コンセプトは〝おいも料理〟

日本の伝統野菜をフランス料理風に調理したメニューで評判なのが、静岡県浜松市にある「ムッシュポテト」だ。〝おいも料理〟を営業コンセプトに、他店との差別化を図る同店では、ほとんどのメニューがオリジナルであり、同店の看板商品となっているのが、「キノコとパセリのピラフ　山芋チーズ」である。

これは、すりおろした大和芋に生クリームを加え、ホワイトソースの代わりに使って独創性を高めた一品である。コクがありながら、食べ飽きない口当たりのよさと、大和芋のヘルシー感が女性客に好評である。

野菜を主材料に使ったメニューは、一般的に、惣菜店や精進料理店に限られる場合が多く、街の飲食店のメニューではあまり見られないものである。

「ムッシュポテト」は、和風の野菜を洋食に活用することで、親しみやすい独創的なメニューとなって、店の経営を成功に導いたのである。

＊＊＊ 野菜が主材料のメニューのいろいろ ＊＊＊

完熟トマトとモッツァレラチーズ

男爵ポテトのバター焼

ナスのトマトチーズグラタン

青菜ガーリック炒め

大根と豆腐のサラダ

木の子のホットサラダ

飛龍子

7 伝統食材を見直そう②ご飯メニュー

ひと頃、日本人の〝コメ離れ〟が危惧されたが、最近再び、幅広い業種において、「ご飯メニュー」が注目され始めている。

日本人の食は、「ご飯」を中心にして、さまざまな惣菜を付け合わせることで発展してきた。あまりにも身近な素材であるため、ついつい見過ごされがちだが、新しい時代のメニューとして取り組めば、おもしろい一品に仕上がるだろう。

ご飯メニュー群を分類すると、お粥、炒めご飯、すし、蒸しご飯、炊き込みご飯、混ぜご飯、茶漬け、雑炊、汁かけご飯、釜めしなど、かなりバラエティーに富んでいる。

さらに、洋風、中華風、エスニック風などを加えると、調理方法も多彩であり、これで「お米料理専門店」が存在しないのが不思議なくらいである。

●独自性の高い商品開発をめざそう

もっとも一方では、ご飯メニューの導入を営業的に不利と見る向きもある。食事のみのお客が増えることによる客単価の低下や、ターゲット客層のズレが懸念されるためである。

ご飯メニューは、一見して大衆イメージが抱かれやすいため、売上貢献に関して低く評価され、リスクを感じる人も少なくないのである。

しかし、たとえ多少のリスクが発生しても、経営を有利に導くためには、需要の多い商品を売ることを優先するのが、商売のセオリーであり、条件と言えるだろう。

したがって、このようなリスクを伴うメニューを導入する場合は、確実な営業コンセプトを決めて、業態に合った、独自性の高い商品開発をめざすことが大切である。

●ヒット商品となった〝せいろ飯〟

独自の工夫で、ご飯メニューの開発に成功した例として、京都府舞鶴市の和食レストラン「まこと」を紹介しよう。

ご飯メニューをヒットさせるのがむずかしいのは、お客の求めるメニューは、オーソドックスなものに集中する傾向があるからである。しかし、同店の人気商品である〝せいろ飯〟は、コメの配合の割合をモチ米7割、ウルチ米3割と、一般的なせいろ飯とは逆にして、独自の一品に仕上げている。

また、具のバラエティーにも配慮しており、口当たりもよい。約90種あるメニューの中で、1日80食も売れる人気商品であることも、うなずける。

ご飯メニューは、幅広い業種で需要が多いだけに、独自の工夫で商品力を高めていくことができれば、ヒットする可能性も大きいのである。

＊＊＊ご飯メニューのいろいろ＊＊＊

アジア食堂・薬膳せいろ飯（左上）
京都・夜久野の黒豆飯蒸し（右中）
浜松・岡田のシバ飯（左下）

加悦ファーマーズライス

京都府与謝群加悦町「（株）加悦ファーマーズライス」では、米飯加工事業として、国内産米をテーマに業務用冷凍加工米飯を開発しており、現在では冷凍チャーハンや薬膳魚介せいろなど、高いレベルのライス商品を加工販売している（問い合わせ　TEL 0772-44-3630）

8 伝統食材を見直そう③川魚

競争の激しい現代において、ありきたりの食材でありきたりのメニューをつくっていたのでは、お客を満足させることはできない。また、輸入食材や珍しい食材も、比較的入手しやすくなってきているため、食材による商品差別化が困難な状況になっている。

したがって、これまで一般的に利用されていなかった食材や、見逃されていた食材を有効に活用する工夫も必要である。

その意味で、若者や女性になじみの薄かった食材のひとつに「川魚」が挙げられる。

●健康志向で〝魚好き〟が増えている

健康志向を反映して、〝魚好き〟が増えている。とくに、若い女性客や中高年層の客に多いのだが、そうした嗜好を満たすものとして、「川魚」は有望な食材である。

とはいえ、お客の多くは一般的に、川魚より、海水魚を好む場合が多い。川魚が海水魚ほど一般的でないこともあるが、それ以上に、川魚を使った現代的なメニュー開発が遅れていることもあるだろう。

ウナギ、ドジョウ、アユといった川魚は、主に専門店で使われることが多く、一般的なレストランで、川魚料理を主力商品として売るというケースは少ない。それは、小骨が多く独特の臭みがあるため、調理がむずかしいという面があるからだが、現代のお客の食嗜好に対応しきれていないのが、大きな理由である。

伝統的な調理法は大切だが、最近のお客の外食欲求をつかむには、伝統的な料理を現代風にアレンジしたり、和食の要素を洋食に取り入れるといった、新しい発想が必要である。

川魚は、バター、チーズ、香草などと相性がよく、工夫しだいでは、魅力的なメニューがつくり出せるはずである。

●川魚を洋食メニューに活かす

岐阜県多治見市の「欧風食堂　魯庵」は、洋食店でありながら、川魚など、和食の食材をうまく取り入れたメニューで人気を呼んでいる。なかでも、地元で獲れた新鮮なアユを使った「幼アユのフリットとオリエンタル」は、塩焼きや田楽が一般的な調理法であるアユを、洋食メニューに活かした一品である。季節によっては、コース料理のオードブルとして提供しているが、このメニューを求めて、遠方から来店するお客もいるほどである。

一般のレストランにはなじみの薄かった川魚に目を向け、現代人の嗜好を意識したメニューを開発するという同店のチャレンジ精神には、見習うべき点が多いだろう。

＊ ＊ ＊ 「欧風食堂　魯庵」の店舗とメニュー例 ＊ ＊ ＊

店舗外観

「幼アユのフリットと
オリエンタル」

9

伝統食材を見直そう④お茶

お茶は、日本人の食生活に欠かすことができない飲料だが、最近では、飲み物としてだけでなく、デザートや料理のソースなど、食用への利用も増えてきている。

若者や女性に人気の抹茶アイスクリームや抹茶シャーベット、抹茶ケーキなど以外にも、お茶漬け、茶めし、茶そば、茶雑炊といった食事メニューも多い。美容や健康にいいからというのが、人気の秘密である。

お茶をテーマに商品開発を行なうには、芳香性や風味を活かした繊細な調理技術と、その素材の組み合わせが重要なポイントとなる。

実際、次のような3つの方法が考えられる。

・茶葉をそのまま使う
・抹茶のように粉末にして使う
・煎茶にして利用する

●看板商品「チベット雑炊」

現在のところ、抹茶を利用したメニュー開発が盛んだが、直接的に食材として使用せず、茶の成分を利用した調理法として、ナマコの下ごしらえの一種である「茶振海鼠」や、茶葉を使用して焼いた「中国焼き豚」などがある。

ただ、お茶をテーマにした独創メニューの開発に成功しているケースは稀で、それだけに商品開発の余地は大きいと言えるだろう。

京都市中京区にある「世界のお茶　京はやしや」は、店名のとおり、〝お茶〟をテーマにした商品構成で人気の店である。お茶を材料に使ったデザートや食事メニューも取り揃え、一番の売れ筋商品が「チベット雑炊」（抹茶味）となっている。

●商品開発の余地は大きい

これは、抹茶雑炊をベースにしており、商品名に〝チベット〟と冠したのは、商品開発にあたって、チベットの食文化をヒントにしたことをアピールするためである。

実際、「チベット雑炊」の最大のポイントは、バターの使用にある。抹茶のほろ苦い味にバターが加わることでクリーミーな味になり、後味がすっきりと仕上がっている。

抹茶アイスクリームのように、抹茶と乳製品の相性はたいへんよく、店長の長竹俊三氏はこの点に着目して、開発に取り組んだのである。

お茶を料理の食材として使用することは、決して簡単なことではないが、お茶による商品開発の可能性は、飲食店にとって、大いに期待できるものと言えるだろう。

＊＊＊「京はやしや」店舗とメニュー例＊＊＊

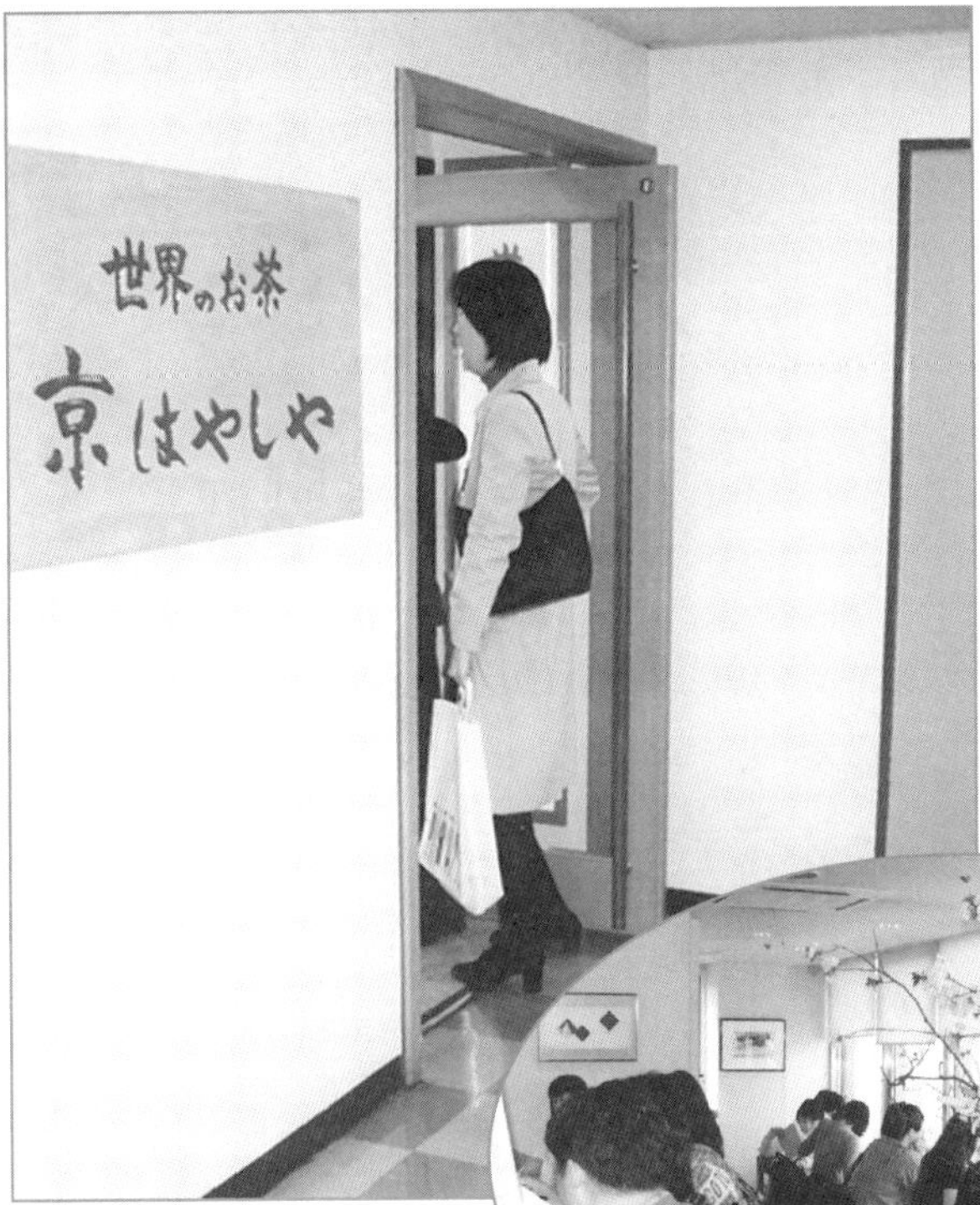

はやしや店頭

チベット雑炊（「はやしや」メニュー）

10 保存食品の活用で、独創メニューをつくろう

最近では、「ゆうパック」や「ふるさと宅急便」などによって、新鮮な素材が簡単に入手できるようになっているが、これが、飲食店間のメニュー内容の類似化を招いている。お客が求めているのは、その店ならではのメニューであり、その意味で今、付加価値の高い素材として注目を集めているのが「保存食品」である。

保存食品は、昔ながらの生活の知恵から生まれた食料品であり、一般的に、食文化の高い国ほど、その技術は優れていると言われている。日本でも、交通の不便な雪国や山国などでは古くから発達しており、漬け物や乾燥食品などは、その代表的なものと言っていいだろう。

これらは、地域の人たちにとって、欠かすことができない食品であり、ここから郷土料理が生まれたケースも多い。

独特の味や風味をつくり出す効果

たとえば、山梨の煮貝（アワビの乾燥品を戻して醤油で煮たもの）や、京都と福井県名物のニシンそば、博多の辛子明太子などがある。これらは、地元で獲れない食材を、保存食品として工夫した結果、その地域の特産品にまでなった好例である。

また保存食品は、単に日保ちがよくなるだけでなく、素材そのものの味を変化させて、独特の味や風味を出していることも、特徴のひとつとなっている。

前述のニシンそばなどは、生鮮食品として利用した場合、小骨が多く、身もうま味が少ないのだが、天日干しにして身欠きニシンにすると、味、風味ともに格別なものとなる。このうま味が、かけ汁に溶け込み、ニシンそばを名物料理にまで高めた味を生み出しているのだ。

他にも、韓国のキムチは、何種類もの塩辛と香辛料を利用しており、秋田のしょっつるは、塩漬けの魚によって、うま味を引き出すことに成功している。さらに、ラーメンのスープに、スルメイカや乾燥貝柱などを使用した高級スープもある。

〝地域の味〟を活用して商品開発

このように、保存食品に代表される〝地域の味〟をうまく活用すれば、新たな魅力を持った商品の開発も可能になる。独創メニューの材料として、貴重な存在と言えるだろう。

地域の特産品を利用したメニューは、何も特産品がある地域の店だけに限られるものではない。今日では、各地の特産品が容易に入手できるため、都会においても〝特産メニュー〟の開発は可能であり、差別化の大きなカギとなるだろう。

どんなものを入れたら
いい風味になるかな？
キムチ
漬物
漬物
漬物
漬物
ゆうパック
辛子明太子

11 旬の食材も〝逆転の発想〟で活用しよう

お客が〝うまい！〟と感じるのは、どのような料理だろうか。温かい料理は温かく、冷たい料理は冷たく、という料理の基本に忠実で、さらには季節にふさわしい旬の食材を使って、心をこめてつくったもの、と言っていいだろう。

季節感は、日本文化の重要なキーワードで、食においても同じである。旬の食材を使った「季節メニュー」は、とりわけ和食の店においては、売上げの大きな柱となる。

ところが現代は、「旬の食材」が、年間を通して食べられる便利な時代である。食生活に、季節感や旬の味わいが薄れてきた結果、飲食店のメニュー開発は、ますます困難になってきている。

●季節メニューを、年間を通して売るチャンス

しかし、逆にそれは、従来の季節メニューを、年間を通して売るチャンスと言うこともできる。いわば、〝逆転の発想〟である。

事実、季節感などにとらわれず、旬の食材を一年中食べたいと望むお客も増えてきており、これからは旬の食材を、年間を通して提供していくことを考えなければ、お客の欲求に対応していくことはできなくなるだろう。

現に、キュウリやナス、トマトといった夏野菜も、ハウス栽培によって一年中楽しめる野菜となっている。また、牡蠣、サワラ、カツオといった魚介類や、ワラビ、コゴミ、フキなどの山菜も、四季を通じて入手が可能である。

そのため、これらの食材を旬に合わせて普通に提供しても、お客に感動や喜びを与えることはむずかしいだろう。

●食材の特徴を活かした調理方法を考えよう

そこでこれからは、これらの食材を旬だけに限定せず、年間を通して提供するための工夫と独創性の追求が不可欠となってくる。

もちろん、食材の特徴を活かすことが最低条件となるため、すべての食材が利用できるわけではないが、少なくとも、市販されている食材に関しては、検討してみる価値はあるだろう。

とくに、塩漬、缶詰、乾燥、冷凍保存された季節の食材は、旬の風味を失っている場合が多い。したがって、万全の注意を払ったうえで、食材の特徴を活かした調理方法を考えなければならない。

いずれにせよ、季節感の喪失をマイナス要因としてとらえず、商品開発の手段として、前向きに活用することが大切である。

夏
秋
春
冬
おいしーい！

コラム

＊京野菜の名品、堀川ごぼうの笑い話＊

数年前のことになるが、私の家に、段ボール箱の宅急便が届いた。贈り主を見ると、当時、京都の町おこしコンサルティングをさせていただいていた町の農業経営者だった。

早速、段ボールを開けてみると、中には大根のようなごぼうが4本入っていた。これが後に、京都名産の「堀川ごぼう」だとわかるのだが、これを見た瞬間、「どうして、こんな駄物野菜を送ってきたのか」と思ってしまった。お恥ずかしい話だが、京都へ引っ越してきて間もなかったため、“京野菜”に出会うこともなく、しかも、関東育ちで中国料理を専門にしていた私にとって、「堀川ごぼう」は、まったく見たこともない野菜だったのだ。

しかし、せっかく送っていただいたものなので捨てるわけにもいかず、キンピラごぼうでもつくってみようと、ごぼうについた泥を洗って包丁を入れると、何と、ごぼうの芯部に大きな鬆が入っているではないか。「こんなに太くなってしまったら、鬆が入るのは当然だよな！」。私は女房にそう言って、ごみ箱に捨ててしまった。

それから１週間後、送り主が電話で、「先生、ごぼうの味はいかがでした？」と聞いてきた。私は、「捨てたよ！」とは言えず、「ごちそうさまでした。おいしかったですよ」と答えると、彼は「また、送らせてもらいますよ！」と言って電話を切った。その2日後、また段ボールの小包みが送られてきた。開けてみると、例のごぼうと、大きな八頭芋が4個入っていた。鬆の入ったごぼうを二度も送ってくるとは、と思いながらも、今度は食べてみることにした。とりあえず、ごぼうはキンピラにしてみた。

ところが驚いたことに、駄物野菜に見えたお化けごぼうが、すごく軟らかくて風味がよく、さらに上品な味だったのである。「あーあ、もったいないことをしたなー」私は、ごぼうを捨てたことを悔やんだ。

その後、調理教材の仕入れで京都の錦市場に行く機会があった。高級な野菜や魚が、路狭しと並んでいる中に、あのお化けごぼうもあった。そのごぼうの名札には、「京都名産・堀川ごぼう」と記されている。しかも、一般のごぼうの倍以上もの値段だ。

知らなかったとはいえ、こんな有名な食材を、見た目だけで判断して捨ててしまった自分が恥ずかしく、贈り主に対して、心から詫びたものである。

7章

業種別・これが売れるメニューだ！

1 ファミリーレストランは、〝百貨店商売〟から脱皮せよ

ファミリーレストランの不振が続いている。これは、メニューへのこだわりや差別化を疎かにしたことが大きな原因だが、お客の生活様式をとらえきれなかった営業スタイルにも問題がある。

個人の考えや生活を重視する風潮が強い昨今、外食の個性化は当然の流れである。

しかし、ファミリーレストランは3世代を客層としてきたため、よく言えば「何でも揃う便利なレストラン」、悪く言うと、〝百貨店商売〟になってしまう。つまり、没個性が客離れにつながり、ファミリーレストランを窮地へ追い込んだのである。

●コンセプト商品と相性のよい一品を

とはいえ、店舗規模や客席数も多いことから、メニュー構成は、幅広くとらえることが大切である。メニューを極端に絞り込むと、ファミリーレストランとしての特長を失うことになるからだ。

したがって、百貨店イメージを払拭するためには、店の特長を十分にアピールできる商品群、たとえば魚介類や野菜、パスタなど、素材をテーマとした料理を、看板商品やコンセプト商品として位置付けることが大切である。

さらに、看板商品やコンセプト商品と相性のよいメニュー開発が必要となってくる。ステーキやハンバーグにおける、パンやライスの役割をはたす料理である。

中国料理の「両吃」（リャンチィ）という調理法は、二つの料理を組み合わせて一品として提供するものだが、これを参考にすればよいだろう。

●タイムリー&リーズナブルに！

これからのファミリーレストランは、商品だけでなく、価格の差別化についても、見直す必要があるだろう。

外食が、これだけ日常的に利用されている現状から見ても、「タイムリーメニュー」と「リーズナブルメニュー」を切り離して考えることはできない。

とくにメニュー構成は、コンセプトメニュー（グランドメニュー）を50%、トレンドメニューとタイムリーメニュー（季節やイベント、ランチメニューなど）を、合わせて50%の構成で完成することができれば、お客の「飽食化」を招くことはないだろう。

また価格的には、３００円から５００円、８００円から１２００円、１４００円から１８００円の3段階を基本構成として、メニューづくりを完成させることが理想的だろう。

＊＊＊ファミリーレストランのメニュー戦略＊＊＊

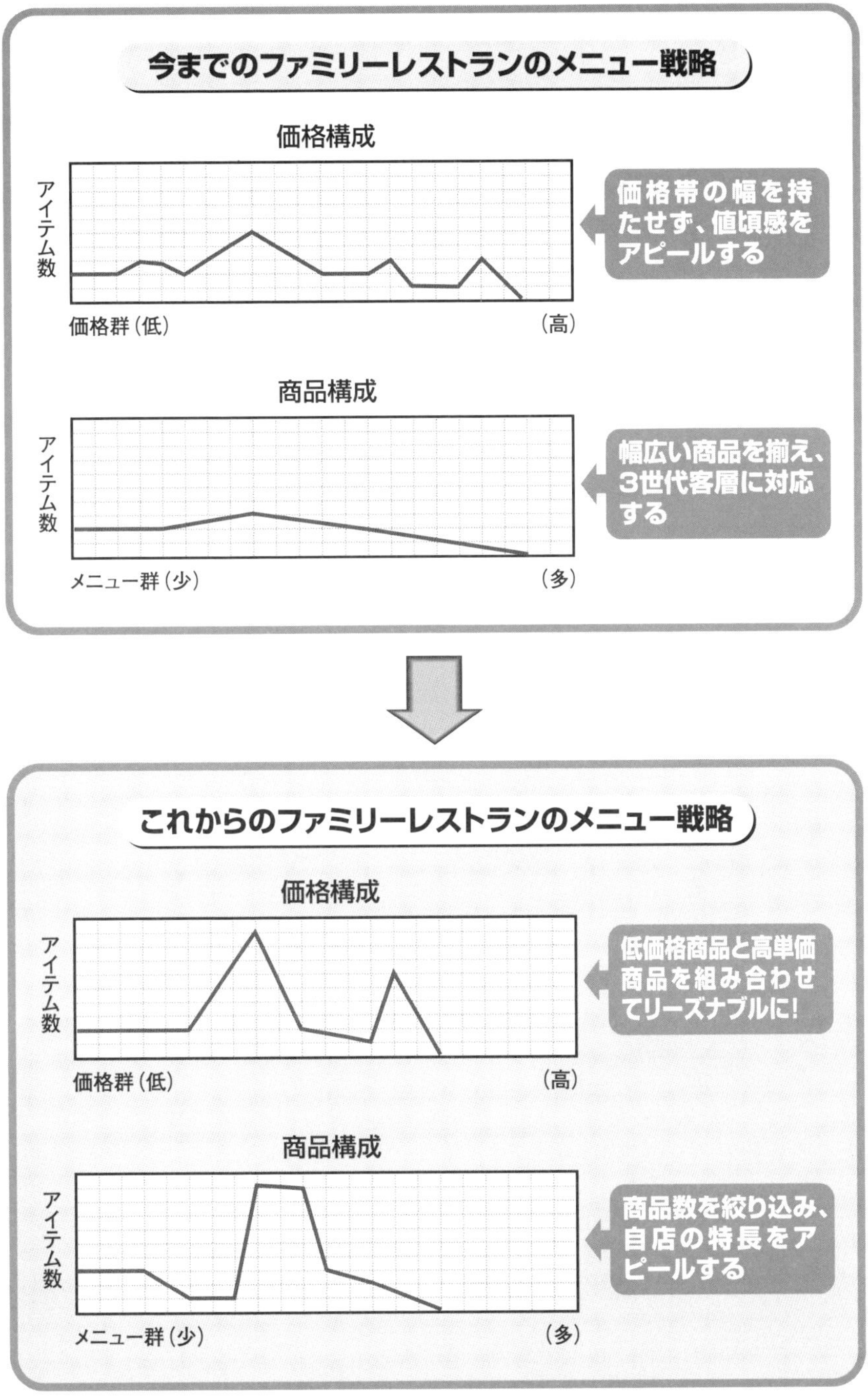

今までのファミリーレストランのメニュー戦略
価格構成
アイテム数
価格群（低）
（高）
価格帯の幅を持たせず、値頃感をアピールする
商品構成
アイテム数
メニュー群（少）
（多）
幅広い商品を揃え、3世代客層に対応する
これからのファミリーレストランのメニュー戦略
価格構成
アイテム数
価格群（低）
（高）
低価格商品と高単価商品を組み合わせてリーズナブルに！
商品構成
アイテム数
メニュー群（少）
（多）
商品数を絞り込み、自店の特長をアピールする

2 和食店は「素材の香り」にこだわろう

和食店は、素材にこだわるべきである。日本のように、新鮮で高品質の食材を、年間を通じて入手できる国は少ないのだから、これをメニューづくりに活かさない手はない。

世界中からさまざまな食材が輸入されているが、国産品と比較した場合、風土や生産者の技術が生んだ、独自の〝香り〟がない。そのため、料理にもおいしさが感じられないのである。

日本料理は、素材のよさを活かすところに最大の特徴があるのだが、素材の持つ「香り」を無視したのでは、おいしい料理は生まれない、と言っても過言ではないだろう。

●日本の「旬」をメニューに活かそう！

素材のよさを活かすということは、〝季節感〟を大切にすることでもある。季節にこだわれば、「旬」のメニューは生まれてくるはずだ。ひとつの野菜や果物でも、春夏秋冬ごとに南から北まで、旬があるからだ。

旬にこだわれば、春と秋には山菜料理やきのこ料理、夏と冬には特別な魚介料理といったメニューづくりが可能となる。和食店は、こうした自然の恵みを上手に活かして、メニューづくりに取り組むことが大切である。

また、旬の素材は調理も簡単である。それほど手を加えなくても、その食材のよさが料理の出来映えを高めてくれる。

さらに日本人は、日本の香草野菜（ニラ、セリ、ミツバ、ミョウガ、木の芽やウドなど）や山菜（キノコ類、ワラビ、フキやフキノトウ、タラの芽など）に目がないことも有利な条件だろう。

●健康志向の時代を意識したメニューを考えよう

一方、Ｏ-１５７食中毒やＢＳＥ（狂牛病）問題など、われわれの健康を直撃するような事件が頻発しており、食に対して、お客はかなり神経質になっている。それは、女性や高齢者ほど敏感で、有機栽培野菜やオーガニック食品への欲求も強まってきている。

伝統的な和食が健康食であることは、世界中が認めていることである。したがって、和食店のメニューも、「素材型」が有利になるに違いない。

たとえば、とれたて野菜料理、とれたて魚介料理、朝市定食といった、新鮮さをアピールしたメニューである。あるいは、〝Ａさんがこだわった○○野菜〟、〝地域特産○○料理〟など、安心・安全をアピールしたメニューも効果的だろう。

食マーケットのトレンドは今、素材、鮮度、安全・安心、ヘルシーバランスを意識した商品戦略にあるのだ。

＊＊＊ 和食店のメニュー戦略 ＊＊＊

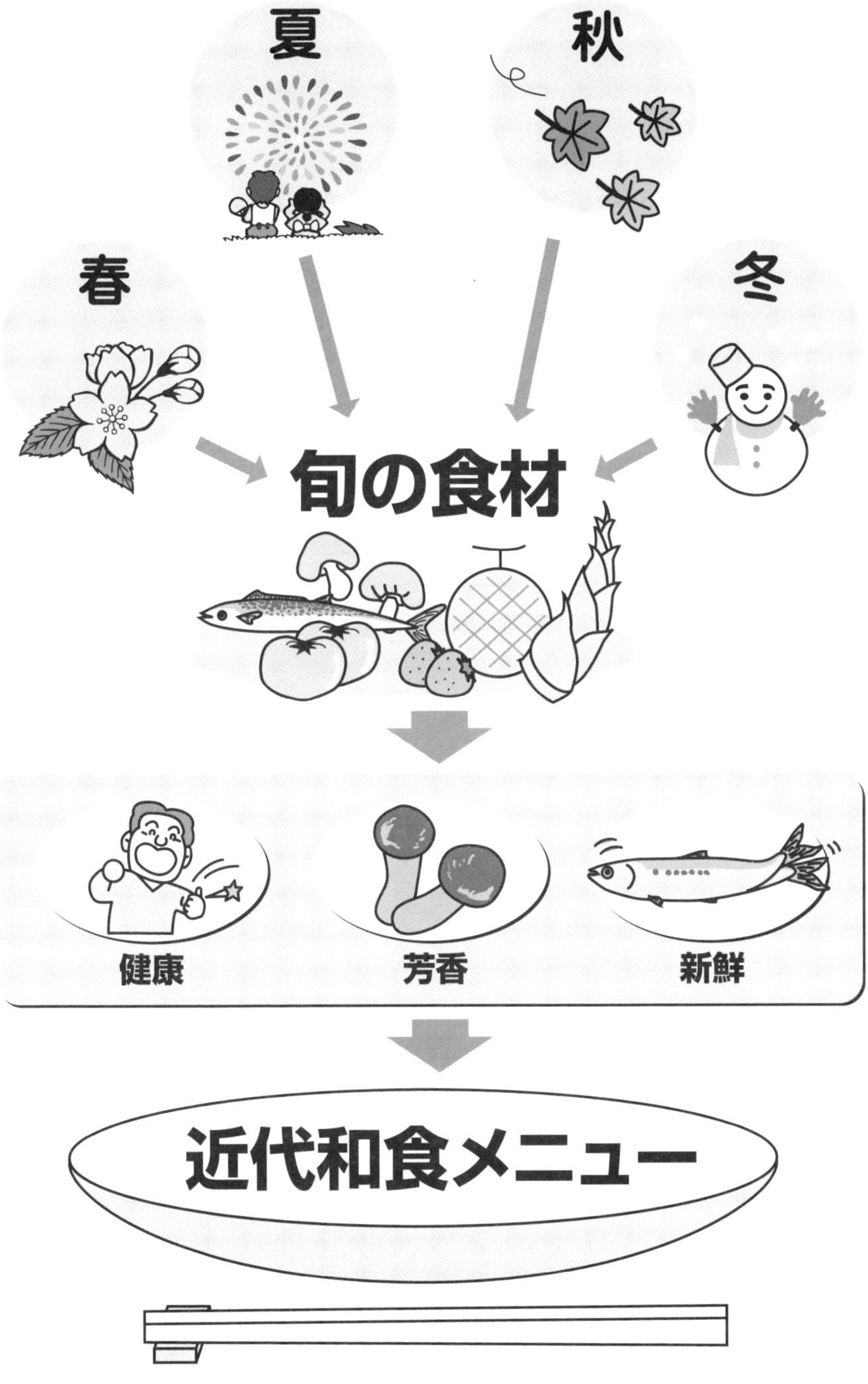
夏
秋
春
冬
旬の食材
健康
芳香
新鮮
近代和食メニュー

3

中華料理店は5つの特徴にこだわろう

外国料理の中で、日本人の食生活にもっとも浸透しているのは中華料理である。中国と日本の長い交流の歴史を考えれば当然だが、中華料理には、次のような5つの特徴がある。

ひとつは、食材の種類が多いこと。菜っ葉から象の鼻といった珍品まで、1万種以上もある。

二つ目は、乾物や保存食材の使用が多いこと。これは、広大な地域の輸送の便や貯蔵を考えたものだろう。

三つ目は、「医食同源」。つまり、医術も食事も健康維持のためで、その本質は同じである、ということ。

四つ目は、調理が合理的なこと。鍋一枚、まな板一枚、包丁一本、これだけで、すべての調理を行なう。

そして最後は、円卓を囲んでコミュニケーションをとりながら食事をすることが、前提になっていること。

中華料理店のメニューを成功させるには、この5つの特徴をメニューに活かすことである。

●高級の中にもリーズナブルさを

これまでの中華料理店は、庶民には手の届かない高級店か、あるいはラーメン店に毛の生えた程度の大衆店という両極端だった。そのため利用客も、日常的な食事と非日常的な食事に分けて利用していた。

しかし、外食が一般化してきた今日では、この中間の業態がもっとも有利になる。簡単に言えば、ファミリーレストラン型中華料理店である。高級中華料理をリーズナブルに提供することによって、満足のいく食事を楽しむことができるからだ。

●ヘルシー中華が話題になる！

中華料理店は最近、どこに行っても、エビチリソースにチンジャオロースー、マーボードウフ、八宝菜に酢豚など、一般的なメニューが多いようだ。

しかしこれでは、カジュアル中華に魅力を感じなくなるのは当然である。お客が喜んで求めるメニューをつくるには、マンネリを排して、明確なテーマを打ち出すことである。

もちろん、北京、広東、上海、四川といった代表的な中華料理をテーマにした店は多いが、それだけでは店の魅力になるとは考えにくい。つまり、「メニューコンセプト」が必要になるのである。

たとえば、素材にこだわり、油っこさからヘルシーへと、イメージチェンジを図ってみるのである。具体的には、野菜専門の中華メニューや、魚介専門の中華メニューなどが、高齢化社会をにらんだメニューとして有望だろう。

＊＊＊ 中華料理店のメニュー戦略 ＊＊＊

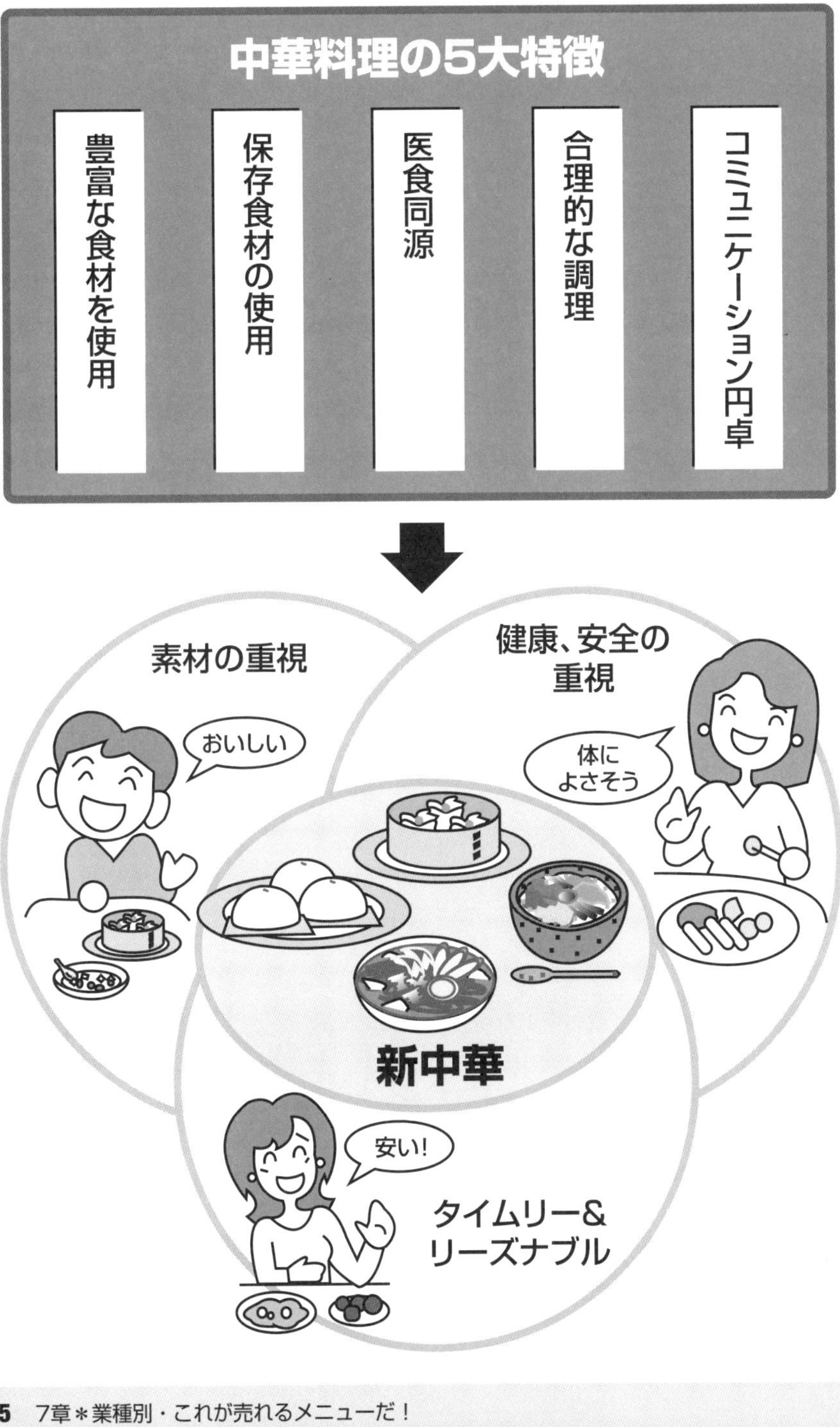

＊4＊ 洋食店はワインを意識しよう

洋食店の営業スタイルはまちまちだが、一般的に流行っているのは、オーナーシェフの店と言っていいだろう。

これらの店には必ず、名物料理やお値打ち商品があり、オーナーのこだわりが、お客に認められて繁盛している。

これまで洋食店は、料理を中心に繁盛を求めてきたが、飲酒が一般化している今日では、「食事＋アルコール」をコンセプトに、メニュー開発を進めていく必要がある。とくに、女性客や若者をターゲットにしたビストロなどは、洋食と相性のよいワインを意識したメニューづくりが不可欠である。

ランチとディナーのメニューに差別化を！

洋食店は、ランチタイムを活かすことによって、店や料理の知名度を高めることができる。たとえば、ディナータイムの高級料理や特別メニューを、一品ずつ日替わりランチとして提供すれば、お客はリーズナブルなメニューとして満足するだろう。

さらに、ランチとディナーの差別化も重要である。ディナータイムで５０００円のメニューを、ランチタイムには２０００円強で提供するなど、時間帯によって価格を差別化するのである。

また、ボリュームの差別化では、昼は食事需要が中心になることから、量を多目に、夜はアルコールを嗜みながらの食事になることから、少な目に提供する。

このように、価格と量に、明らかな差別化を図ることがポイントとなる。

伝統料理を守ろう

洋食店に来るお客は、店のこだわりや料理のおいしさに魅力を感じている。これをないがしろにすると、お客はファミリーレストランと似通ったイメージを抱いてしまう。したがって、ファミレスとの完全な差別化を図るには、料理へのこだわりを徹底することが、何よりも大切である。

といっても、アイデア料理や創作料理に、必要以上にこだわることはない。新し物好きのマスコミが取り上げる〝感性溢れる料理〟は、一度食べればたくさんという場合が多いからだ。そのような〝トレンド飲食店〟の経営寿命は短いのである。

したがって、洋食の伝統的かつ古典的な料理をメニュー化（復古料理）すればいいだろう。手づくり感を最大限に活かしたメイン料理に、職人的なこだわりと伝統的な調理方法を活かした〝昔ながらの料理〟が、現代人にとって、新しい感覚として映るはずである。

＊＊＊洋食店のメニュー戦略＊＊＊

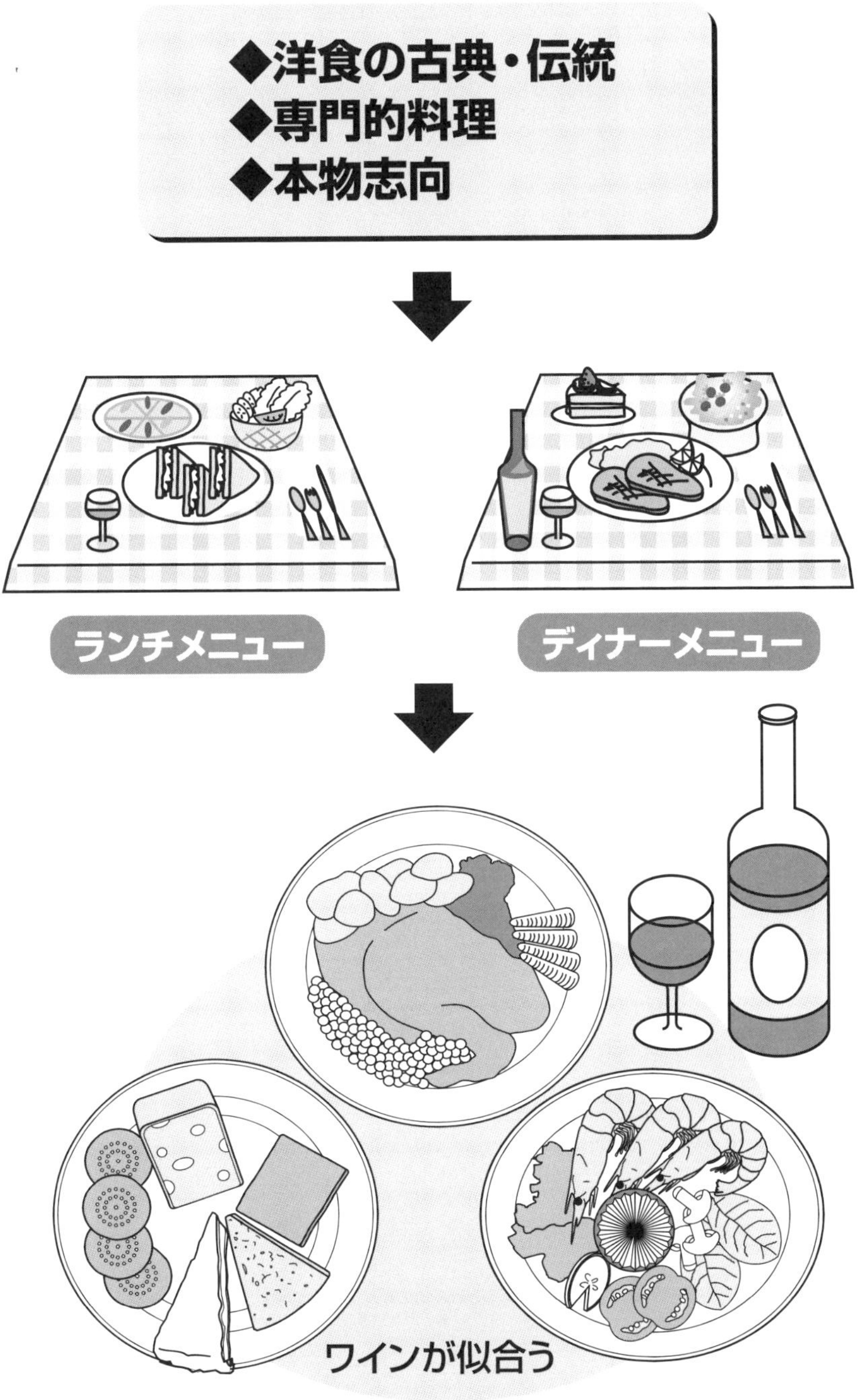
◆洋食の古典・伝統
◆専門的料理
◆本物志向
ランチメニュー
ディナーメニュー
ワインが似合う

5 焼き肉店は、韓国・朝鮮料理をメニューに加えよう

狂牛病の発生以来、窮地に追い込まれている焼き肉店は、韓国料理や朝鮮料理をメニューに加えて、客層の拡大と来店サイクルの短縮化を図るべきである。

焼き肉、ステーキ、ハンバーグなどの肉専門店は、一般的に飽きられやすいうえに、来店サイクルが長く、客層も狭い。

この弱点を埋めるためには、リピート性が高く、飽きられにくい「家庭料理」をメニューに加えることである。

韓国の家庭料理は、トウガラシや野菜、魚介類をふんだんに使って、おいしくてヘルシーである。

すでに、石焼きビビンバやクッパ、チゲなどが焼き肉店の人気メニューとなっているが、アジア料理全体が注目されていることから、若者や女性客以外にも、家族連れや中高年者の来店頻度も高めることができるだろう。

●家庭料理は健康イメージが膨らむ

韓国料理や朝鮮料理は、肉に限らず魚介類、海藻、山菜、木の実や穀物など、幅広い食材を使った、健康を気遣った料理としても有名である。

中国料理の「医食同源」の食生活思想に対して、「薬食同源」として、食と健康を同化させた料理であることを強調している。

これまで、繰り返し述べているように、これからの飲食店にとっての最重要テーマのひとつが「健康、安心」であるため、これをメニューに反映していかなければならないのである。

●韓国宮廷料理をメニューに活かす

韓国の宮廷料理である「韓定食」は、テーブルの上に料理を載せた皿をたくさん並べる点が日本の懐石料理と似ているが、より壮観である。しかし、もともと家庭料理がベースとなっているため、必ずしも豪華な料理ではない。

いろいろな料理が少しずつ食べられる韓定食スタイルは、日本人の食生活にぴったりである。焼き肉店としても、この料理をさらに洗練させて、韓国創作料理などに発展させるとおもしろいだろう。

最近では、韓国本土でも創作料理が流行っている。しかも、日本人がイメージする「辛い料理」ばかりではなく、野菜や肉、魚介類の彩りを考え、淡白な味付けで完成させているのが特徴である。

この韓定食を、日本の食材や洋風食材を用いて現代風の創作料理として開発することができれば、他店と大きく差別化できるに違いない。

＊ ＊ ＊ 焼き肉店のメニュー戦略 ＊ ＊ ＊

これまでの焼き肉店

肉質、タレに重点、満腹感、スタミナをイメージ

➡

これからは、

健康志向をテーマに

⬇

これからは、

韓国家庭料理、韓国屋台料理がテーマに

➡

韓国料理、朝鮮料理を組み込んだ焼き肉店に変身して、客層の幅の拡大を図る

⬇

メニューコンセプト

創作・韓定食料理

6 居酒屋は、雑食メニューから専門店メニューへ

居酒屋の人気は、衰えることを知らない。団塊世代の一杯飲み屋的業種が、バブル期のグルメブームを境に、一気にトレンド業種となって、若者や女性客を中心に盛況を続けている。

しかし、人気が上昇するにしたがって、メニューは多様化（何でも屋風）する一方である。最近では、焼き鳥、刺身、ピザ、スパゲティ、そこに寿司が加わるといったように、店側のポリシーを疑うようなメニューも増えている。

しかしこれでは、お客の飽食化を招くことは明らかである。メニューの差別化が図れなくなれば、店舗力や立地（バブル時代のような高額投資店舗）の影響を受けやすくなるため、経営面でもリスクが生じてくる。

●これからの居酒屋には、食事メニューが不可欠

したがって、これを避けるためにも、営業コンセプトにふさわしいメニューに、もっとこだわるべきである。

たとえば、漁港や漁師をコンセプトにした魚介料理、イタリアンをコンセプトにしたアンティパスト、焼き鳥居酒屋なら地鶏にこだわるなど、専門店に近いメニューづくりである。

居酒屋のメニューが複雑になったのは、店側の問題ばかりではない。お客のライフスタイルが多様化し、嗜好が細分化していることにも原因がある。

昨今では、飲酒だけを目的として居酒屋に来店するお客が少なくなった。利用客のほとんどが、食事を中心にアルコールを嗜む、というパターンである。

つまり、酒肴料理よりも、食事メニューの開発が繁盛店へのキーワードなのだ。とりわけこれからは、ファミリー客の利用が増えてくるものと予想される。一品の単価が安く、少量メニューでバラエティーに富み、くつろげる雰囲気――このような条件を備えていれば、お客は居酒屋を選ぶに違いないだろう。

●アルコールメニューは幅広く

これまでの居酒屋は、ビール中心の店、日本酒中心の店、洋酒中心の店など、アルコールの販売方法に、それぞれの特徴があった。アルコールメニューは、料理に左右されるものだが、飲酒が一般化している今、アルコールメニューは幅広くしておく必要がある。

なぜなら、アルコール需要の多様化とともに、お客の嗜好に幅広く対応しなければならないからである。

ワインや中華酒など、一般の居酒屋ではあまり取り扱われなかった酒類への目配りも必要となってくる。アルコールを選ぶ楽しみも、店の付加価値となるからだ。

* * * 居酒屋のメニュー戦略 * * *

これまでの居酒屋メニュー

ご当地料理、家庭料理、素材型料理、アイデア料理、トレンド料理、酒肴料理、各国料理、食事料理、アルコールなどを多彩に

↓

これからの居酒屋メニュー

食材にこだわり、酒肴メニューと食事メニューの二本立て構成とする

↓

- 食事メニューの拡大
- 酒肴メニューの充実
- アルコールメニューの拡大

7 イタリア料理は、より専門化をめざそう

イタリア料理が、〝イタめしブーム〟以来、高い人気を保っているのは、気安さや割安な価格設定だけでなく、消費者の健康志向にフィットしたことも見逃せない。

イタリア料理の特徴は、地域の食材をうまく取り入れた家庭料理の延長線上にあり、これが食卓に品数を求めたがる日本人に好まれたのである。

イタリアン人気が続く中で、業種の成熟化をもたらし、リストランテ、トラットリア、ピッツァ店、パスタ店、アンティパスト店、ドルチェ店など、新しいスタイルの店が続々と生まれた。

そのため今後、専門店化に向けたメニューづくりをめざさない限り、熾烈な競合に巻き込まれることは必定だろう。

●売れる料理は、「標準的」をキーワードにした家庭料理

しかし、専門店だからといって、お客は特殊なメニューや高級料理に、特別な来店動機を膨らませることは少ない。うまい料理が必ず売れるとは限らないし、逆に、売れる料理が必ずしもうまいというわけでもないからだ。

また、経営者や調理人が、「うまい料理」と「売れる料理」を勘違いしているために、ビジネスチャンスを逃しているケースも少なくない。〝売れる〟、〝うまい〟と評判の料理は、意外と、味、分量、価格とも、すべてが「標準的」であることが多い。

標準的なメニューを開発するには、イタリア料理の特徴を活かした家庭料理をキーワードに、商品開発することが望ましい。イタリアンが若者や女性客だけに止まらず、高齢者にも支持されていることを考えれば、健康志向の時代を反映させたイタリアの家庭料理は、今後、ますます注目されるだろう。

●ドルチェに工夫を凝らしたイタリア料理店を

女性客は、デザートに目がない。これまでデザートと言えば、食後のメニューとして利用されていたが、最近では、デザートをメインメニューにする店も増えてきている。中食スタイルの外食（簡便食）が増えてきたことから、デザートだけで食事をすませてしまう若者が多くなっているのだ。

女性客や若者の多いイタリア料理店は、こうした楽しさを提供できるメニュー戦略が必要である。デザートも手づくりのものであれば、効果はより高くなるはずである。デザートメニューは、ランチ、アイドル、ディナー、アフターのどの時間帯にも応用でき、新しい顧客の開拓に大きな力を発揮することは間違いないだろう。

＊ ＊ ＊ イタリアンレストランのメニュー戦略 ＊ ＊ ＊

イタリアンタイプ

アンティパスト店、ピッツァ店、ドルチェ店、トラットリア、デリカショップ、リストランテ、パスタ店

↓

新しいメニューコンセプト

↓

イタリアン家庭料理　**イタリアン健康料理**　**イタリアン酒肴料理**　**イタリアンデザート料理**

↓

このいずれかを強調して、専門店イメージを確立する

8 ラーメン店は、テーマやストーリーと融合したメニューを

消費が低迷している中でも、ラーメン店だけは活気がある。新しいラーメン店が次々に誕生し、話題の人気店には終日行列ができている。成功している店は、ラーメンに対するこだわりと自由な発想でスープを開発し、営業している。

店主がふんぞり返って、「俺のラーメンが食べられないなら帰れ！」というような時代は終わった。感じのよいサービスと清潔感を大切にし、ストーリー性やテーマ性を持った店づくりをしなければ、成功はむずかしいのである。

現在のお客は、さまざまな情報に触れ、いろいろな体験を積むことで、非常に高いレベルの生活欲求を持っている、ということを忘れてはならないのである。

●ラーメンに料理性を持たせよう

ラーメン店を繁盛させるための必須条件は、特徴のあるこだわり商品を開発し、その商品を中心にメニューを絞り込んで構成し、他店にない特色を出すことである。新しいラーメンを創造するには、ラーメンを簡単な軽食ととらえず、「料理」として、深く探求、開発することである。

それには、これまでのようなスープと麺の組み合わせによるのではなく、「ごちそうラーメン」（具材に工夫を凝らした料理ラーメン）という発想が必要である。たとえば、中華料理スタイルの野菜たっぷりのラーメンや魚介ラーメン、五目うまにラーメンなど、料理性が高いラーメンである。

つまり、より贅沢に、より本物を追求していくことによって、これからの繁盛店メニューとなるのだ。

●スープは、うま味や自然味をバランスよく

これまでのラーメンは、豚骨スープが主流だった。とくに、博多ラーメンや道産子ラーメンなどでは、多少の獣臭とスープの濃厚さに特徴を持たせたスープが好まれてきた。

しかしこれからは、スープの濃度よりも、スープの味の濃厚さ（コク）や自然の味が求められるようになるだろう。豚骨、鶏骨、野菜、海草、魚介類などを、バランスよく引き出した濃厚なスープである。

健康志向の消費者は、化学調味料に敏感になっているため、ブレンド調味（化学調味料を組み合わせた）などの濃縮スープは、極力避けなければならない。こうした時代をにらんで私は、「ＭＹスープ・Ｈ25」というラーメンスープを開発した。

これは、豚、鶏、海草、煮干し、鯛の骨、鰹節などを酵素で分解、ゼラチン化した25倍濃縮スープである。また、店のうま味要望にも対応できる自信作である。

＊＊＊ 新しい時代のラーメン店メニュー ＊＊＊

これまでのラーメン店

屋台風、風物食、殺伐感、ポケットの中の小銭で食べられるというイメージが強い

➡

これからのラーメン店

洗練された店舗空間、商品に楽しさとごちそう感があり、コンセプトが息づいている

新時代のラーメン店
メニューコンセプト戦略

⬇

料理ラーメンの開発

五目ラーメン、担担麺、軟らか豚角煮ラーメン、椎茸と青菜うまにラーメン、海鮮ラーメン、フカヒレらーめん、カニ煮込みラーメン等々……

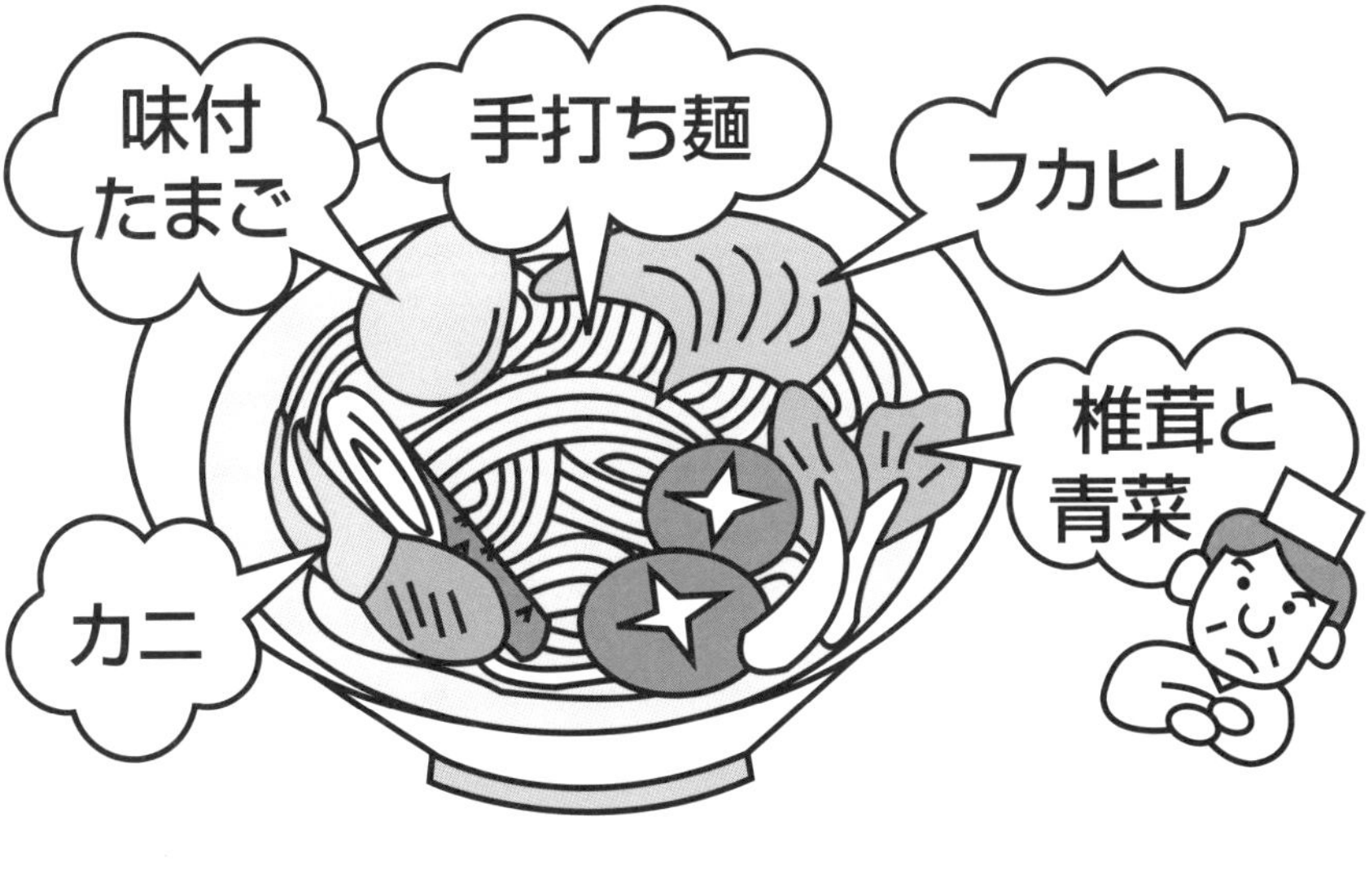

9 アジア料理店は、〝テーマ国〟を明確にしよう

アジアンテイスト、コリアンテイストといったアジア料理が、日本人の食生活に浸透してきているが、アジア料理店のメニューづくりには、多少の専門知識と経験が必要になる。民族性や地域性が強いアジアでは、同じ国の同じ料理でも、場所や店によっては、まったく異なった特徴がある場合があるからだ。

　このように、一般客にとって、どれが本物なのかがわかりにくいメニューづくりでは、その国のイメージを店の売り物にすることである。たとえばタイの場合は、魚料理をメニューの核にするのである。このテーマが曖昧になると、無国籍料理やエスニック料理店と間違えられやすく、アジア料理店としての魅力がなくなってしまう。

　お客は、このコンセプトによって、アジア料理店への付加価値を感じながら、利用動機を膨らませるのである。

●食材にこだわれば、料理は本物に近づく

　アジアには、食材が豊富である。現在では、缶詰類、乾燥品、生鮮食品など、アジアの食材のほとんどが、一般の店の食品売場で揃えることができる。もっとも、それだけお客の目も肥えてきているため、〝アジア風料理〟では満足されなくなってきている。

　したがってアジア料理店は、食材にこだわったメニューづくりをテーマにして、本物感を演出することが大切である。とくに、調味料や香辛料へのこだわりは重要である。アジア料理の特徴を最大限に引き出してくれるからだ。

　また、アジアのフルーツも、メニューの幅を広げるには絶好の食材になるということも覚えておきたい。

●匂いや香りにこだわりを持ったメニューを

　アジア料理の大きな特徴は、「匂い」と「香り」である。これを活かすことができなければ、アジア料理店の成功はないと言っていいほどである。独特の匂いや香りで、魚介類や野菜、肉をうまく料理するのがアジア料理なのだ。

　もちろん、盛付け食器やテーブルディスプレイなどに工夫を凝らす方法もあるが、アジアの匂いを醸し出すメニュー戦略は、何よりも効果的である。

　ただし、香辛料やハーブをあまり使い過ぎると、これらの匂いや香りに慣れていない日本人は食欲をなくしてしまうため、要注意である。

　また香辛料には、クセになりやすい要素が含まれていることから、料理へのリピートが期待できる、というメリットもある。

＊ ＊ ＊ アジア料理店のメニュー戦略 ＊ ＊ ＊

アジア料理店のイメージ
ベトナム料理
中近東料理
タイ料理
韓国料理
これまでは、エスニックイメージが強かった（民族料理）
新アジア料理時代
ベトナム料理
辛さにこだわる
テーマ国にこだわる
中
中近東料理
中華料理を核に
タイ料理
香辛料にこだわる
韓国料理
アジアの食材にこだわる

コラム

＊お客に対する中国人の執念＊

飲食業に従事する者なら、業種・業態を問わず、お客を満足させるための「接客テクニック」を身につけているはずである。何しろ、お客の満足度が、店の繁盛を左右することになるからである。

イタリア人や中国人は、日本人の比ではない接客技術を持っている。しかし、両者のサービスの狙いは、まったく異なるものと考えてよい。イタリアン・サービスは、ホスピタリティースタイル（心を癒す）だが、チャイニーズ・サービスは、マネジメントスタイル（経営管理優先）である。

ここで、中国料理店でのある出来事をご紹介しよう。

銀座の上海料理店で修業していた私は、ホールで接客サービスの仕事に就いていた。この店は、芸能人や中国人のお客が多く、料理では有名な店だったため、とくに接客には厳しく、お客様からのクレームは、すべてが店の誤り、従業員のミスとして教育されていた。

そんなある日、あるお客様からクレームがあった。私は客席へ飛んで行って、謝ろうとしたが、すでに中国人のオーナーシェフ兼社長が対応していた。テーブルを見ると、フカヒレスープの中に、ハエが羽をばたつかせているという最悪の状態だった。

私は、お客様に丁寧に謝り、料理をつくり直すことで許していただこうと考えていた。

しかし、社長が突然、「お客さん、これ、虫、ちがうあるよ、これ料理つくるとき入る鍋の墨ね、しょうがないなー」と言って、動いているスープ皿のハエを指でつまんで、自分の口に入れてしまったのである。そして、「お客さん、申し訳ないあるねー、すぐにつくり直すね。ちょと、待っててね」。そう言って、自分で皿を下げてしまったのだ。

お客様はもちろん、私も呆気にとられたことは言うまでもない。この後、社長は新しい料理をお客様に届けて、調理場でウガイをしていた。後に、このことを社長にたずねると、「お客様、商売ね」というひと言だった。

この行動は別にしても、私は「お客様のために」を実践するために体を張る中国の料理人魂に感動し、学ばせていただいた。

ハエを食べることは私にはできないが、この信念だけは現在でも持ち続けている。

8章

メニュー・レイアウトで集客しよう

1

使えるメニューブックをつくろう

飲食店のメニューは、お客の来店動機や購買動機を勧誘するとともに、経営を安全かつ有利に導くための手段として考えることが必要である。現実にお客は、「商品」を購買目的として来店する。

そのため、商品を有利な販売につなげるための〝メニューブック〟は、戦略的に考えなければならないのである。

とはいえ、一般的なメニューブック（表）は、単なる「価格表」や「お品書き」として位置付けられている場合が多く、経営への貢献度も低いものとなっている。しかし、飲食店におけるメニューブックの位置付けや役割をよく理解したうえで、効果的に活用しなければならない。

メニューブックは戦略的ツール

これまで述べてきたように、メニューは、集客、売上げ、収益、コストのすべてに関わる、経営戦略上の重要なポイントである。

たとえば、お客の購買動機を不動のものとするために、潜在特性や嗜好性をとらえた商品構成や価格構成、レイアウト表現、来店動機を誘発するための他店との差別化やオリジナルメニューの強調、さらには、原材料や諸経費のコストコントロールや設備投資など、メニューによって、あらゆる経営戦略が展開されるからである。

しかし、どんなに自信のある商品でも、その魅力がお客に伝わらなければ意味がない。そこで、メニューブックによって、来店したお客の注意が向けられるようにするのである。

つまり、商品名と価格をお客に示すことだけがメニューブックの役割ではない、ということである。

お客は、メニューブックも味わう

つまり、店のテーマや営業コンセプトを、ビジュアルに表現したものがメニューブックなのだ。

お客は、席に着いてメニューブックを開き、予算内でどれだけ満足できるかを考えて、あれこれと迷う。これが、選ぶ楽しさである。お客はそのとき、メニューブックをも味わっているのである。

したがって、メニューブックには、お客が注文したいと思うものが載せられていると同時に、店が売りたいと考えている商品に、お客の注意を引きつけるようなレイアウトになっていなければならないのである。

メニューブックは、お客の喜びと営業利益のバランス・コントローラーの役割をはたしている。すなわち、飲食店にとって、重要な〝戦略的ツール〟なのだ。

＊＊＊メニューブックの役割とは？＊＊＊

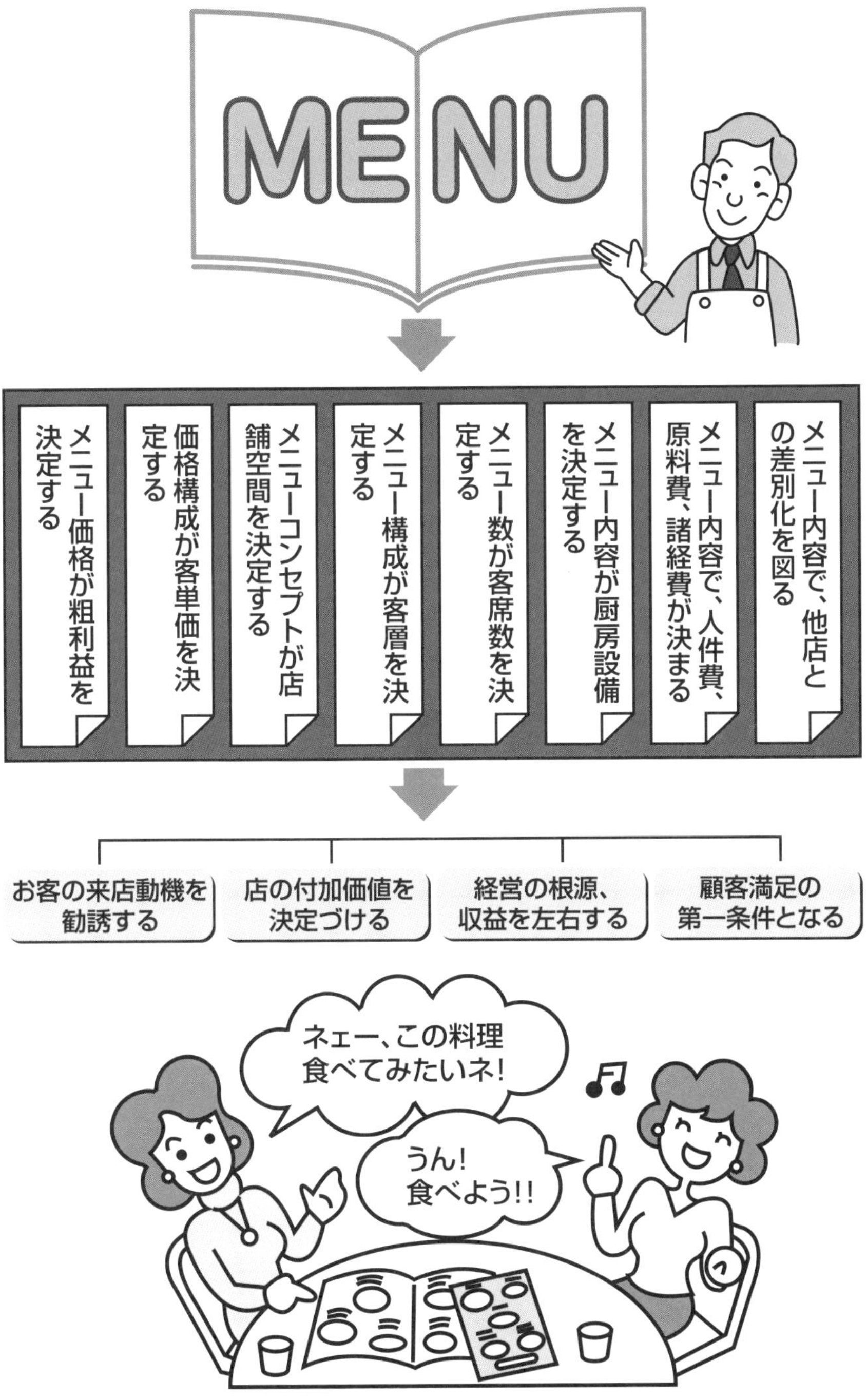
MENU
メニュー内容で、他店との差別化を図る
メニュー内容で、人件費、原料費、諸経費が決まる
メニュー内容が厨房設備を決定する
メニュー数が客席数を決定する
メニュー構成が客層を決定する
メニューコンセプトが店舗空間を決定する
価格構成が客単価を決定する
メニュー価格が粗利益を決定する
お客の来店動機を勧誘する
店の付加価値を決定づける
経営の根源、収益を左右する
顧客満足の第一条件となる
ネェー、この料理食べてみたいネ!
うん!食べよう!!

2 売りたいメニューをアピールしよう

商品を、メニューのどの位置に載せるかということは、メニューを収益拡大のためのツールとして活用する以上、きわめて重要なことである。ここで、もっとも大切なことは、一番売りたいと考えている商品に、お客の注意が向くように仕上げることである。

マーケティング論に、最初の印象と最新の印象は強く記憶されるという原則がある。メニューのレイアウトに際しては、この原則を大いに活用すべきである。たとえば、以下のような要領である。

・すっきりと見やすく、わかりやすく、選びやすいが基本
・アピールしたい商品は写真を使用する、文字は大きく、枠や飾りケイで囲む
・メインの商品は、ページの真ん中に配置する
・2番手の商品はページ右上、3番手は左上、4番手は左下、チョイス商品は右下に

人間の視覚心理を利用する

これは、人間の視覚心理を利用した、もっとも基本的なレイアウトのやり方で、コツさえ飲み込めば、簡単にできるはずである。この手法によって、一番売りたいと考えている商品の売上げを増やすことも可能だし、もっとも儲かる商品を、特別なデザインやレイアウトでめだたせ、それらの売上げを伸ばすことも可能となる。

要するに、メリハリをつけるということである。何の工夫もなく、商品名をズラズラと並べるだけのやり方は、くれぐれも避けるべきである。これはお客に、「どれも、たいしたことはないのではないか」という疑問を抱かせてしまうことになるからである。

メニューがわかりにくいと、お客は、自分が知っているポピュラーな商品ばかりを注文してしまうことになる。10種類の商品を、どのような順序に並べて書いても、その店の売れ筋商品は、メニューに並べられた1、2番目と最後のものになる、というデータもある。

商品をわかりやすく整理して掲載しよう

せっかくつくったメニューも、これでは、まったく何の役にも立たないことになる。繰り返しになるが、店側が売りたい商品、お客に勧めたい商品を、わかりやすく整理して掲載することが大切なのである。

売りたい商品とは、自信のある商品であり、なおかつ儲かる商品である。その商品とお客の選ぶ商品が一致したとき、繁盛店への道が開かれるのである。

＊ ＊ ＊ 視覚心理を応用したメニューレイアウト ＊ ＊ ＊

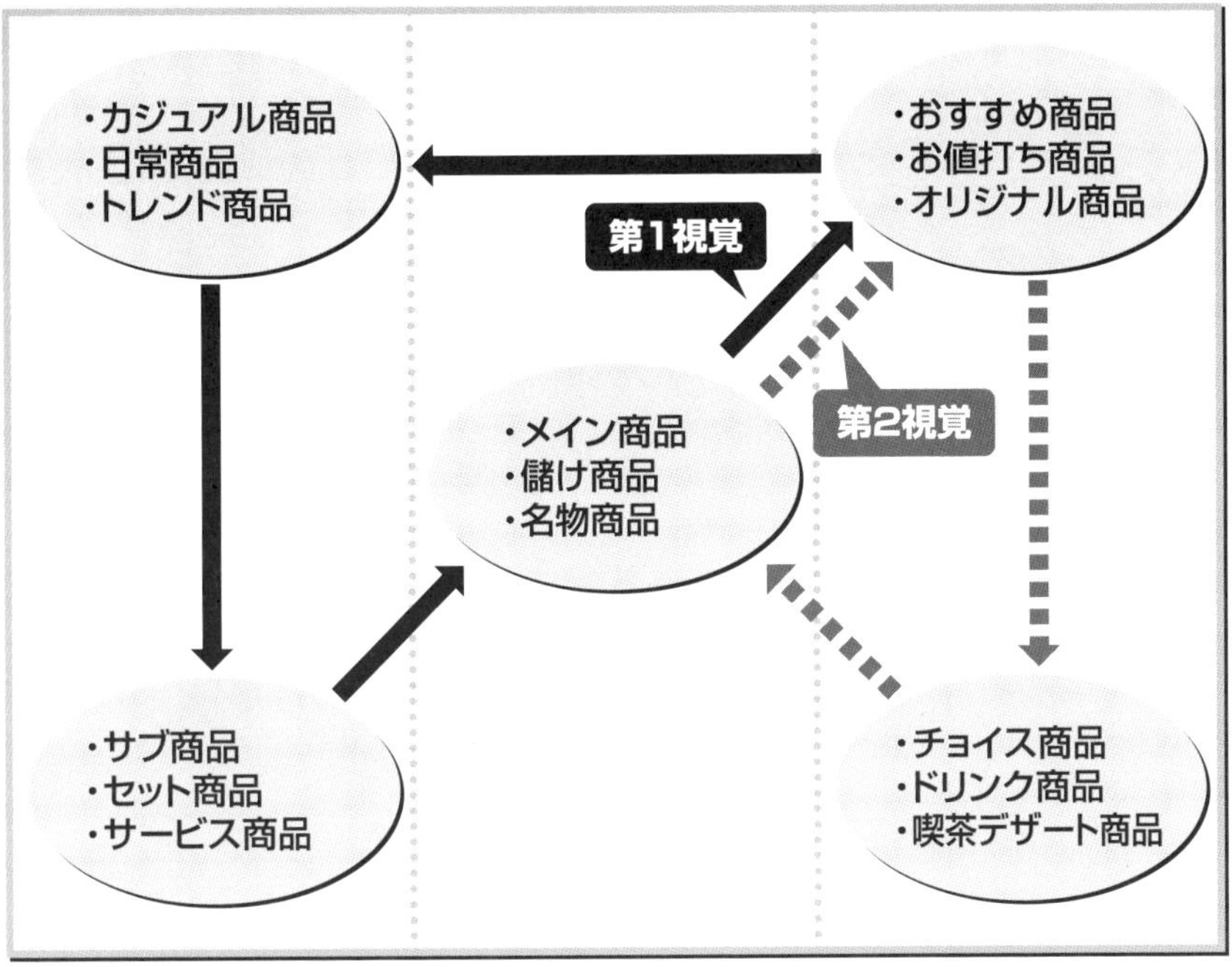

MENU

・サーモンサラダ	¥1000
・海の幸サラダ	¥1200
・ビーフカルパッチョ	¥1800
・マグロのカルパッチョ	¥1000
・トマトとモッツァレラチーズ	¥1000
・ベーコンとほうれん草のサラダ	¥850
・チキンの冷製ゴマ風味	¥800
・アンキモのテリーヌ	¥1800

お献立

盛りそば	四〇〇円
ざるそば	五〇〇円
天ざるそば	一二〇〇円
鴨汁そば	九〇〇円
カレー南蛮	八〇〇円
山菜とろろそば	九〇〇円
天麩羅そば	八〇〇円
卵とじうどん	六〇〇円
カレーライス	八五〇円
天丼	九八〇円
親子丼	七八〇円
カツ丼	九〇〇円
むぎとろ	一〇〇〇円

※アミがけ部分=アピールポイント

＊3＊

「店のイメージ」をメニューに反映させよう

飲食店経営において、「店のイメージ」の重要性が増してきていることはすでに述べた。外食慣れしたお客が店を選ぶ際、最終的な決め手となるのが、その店のイメージなのだ。

そのため、店のイメージを高めることによってお客に安心感や信頼感を与え、商品を買ってもらうための決め手のひとつとするのである。

したがって、お客に与えたい店のイメージを、メニュー表のデザインにも反映させなければならない。

具体的に言うと、店の個性を表現する色、ロゴ（デザイン化された社名表記）、商標などはメニュー表にも載せるべきで、店内で用いられるすべての印刷物にも統一して用いるべきである。

●色がもたらすイメージは大きい

色は、お客に心理的なインパクトを与え、同時に、その店の雰囲気を伝える力も持っている。試しに、明るいオレンジとグリーンの食堂で、ゆっくりと食事をしてみるとよい。暖かい色（赤、黄、オレンジ）は生理的、心理的にくつろぎを感じさせる。冷たい色（青、グリーン）は生理的、心理的に緊張感をもたらし、高級感を表現するのにふさわしい。

また、色が与えるイメージは、お客にそれなりのムードを感じさせることにもなる。たとえば、色の使い方ひとつで、くつろいで食事をしていただく、手早く食べてもらって回転率を上げる、といったことも可能となるのだ。

さらに、料理とサービスがすばらしく、快適だと、お客から評価を得ているなら、お客は店の色や店名のロゴマークを見るたびに、楽しかった店の記憶をよび起こして、もう一度行きたいと思うはずである。

●パソコンを使って、自分流に仕上げる方法もある

メニュー表の材質や形は、お客を引き込むものでなくてはならない。メニューのカバーに用いられる材質やその感触は、店についての印象を強める役割をはたすからである。

ただし、メニュー表がいかによく書けていても、それがお客にとって読みにくいものであれば、何にもならない。メニュー表の制作に関しては、どのようにレイアウトすべきか、という決定的な法則があるわけではないが、業者に依頼しなくても、ワープロやパソコンを使って自分流に仕上げることができれば、経費の削減になるだろう。

また、メニュー表の下地だけを印刷して、メニュー内容と価格をそのつど書き込むようにしたり、あるいは少量ずつ内側だけ印刷するなど、ムダを省く方法もある。

＊ ＊ ＊ 店のイメージとメニュー ＊ ＊ ＊

アジアンヌードルのメニュー

4

お客の立場を第一に考えよう

「お店を選ぶのは、お客さまです」という言葉は、まさに真実である。マーケティングや商品開発を行う際、間違っても「食べさせてやる」といった気持ちを抱いてはならない。

メニューづくりの基本的な考え方は、メニューはお客のために書かれるもの、ということである。

したがって、お客にとって読みやすいメニュー表とは、お客に、当店の自慢料理を即座に理解させ、また、価格はいくらで、料金の中には何が含まれているのかなどが、すぐにわかるようになっていなければならないのである。

●お客のためにデザインしよう

〝メニューマーケティング〟とは、飲食物やサービスを通して、お客に喜んでもらうことである。お客に満足してもらい、もう一度お店に来てもらうための戦略、それがメニューマーケティングなのだ。

これは、従業員を通じて具現化される、マネジメントの延長でもある。

お客は、メニュー表によって商品を選び、利用金額を決定する。メニュー表は、お客の購買意思を決定させるための、重要な経営武器なのである。そのため、どのような場合でも、メニュー表は、お客のためにデザインされていなければならない。

メニュー戦略を立てる際、忘れてはならないことは、商品の品質である。お客は商品の質にお金を払ってくれるのである。

安く売るために商品の質を落とした飲食店は、いずれ、粗利益すら維持できなくなり、利益を出すことは不可能になってしまうだろう。

●定期的な見直しも必要

メニューには、時流や季節感を盛り込んで、お客に、外食の楽しさと喜びを提供し続けることが大切である。

したがってメニューは、固定的に考えるのではなく、定期的に見直していくことも必要である。

何の変哲もないメニュー表であっても、店の経営ポリシーをはじめ、営業コンセプト、経営を成長へ導く利益構造、合理化、システム化への運営構造、そして、もっとも重要な、お客に喜んでもらうための食生活の提案が隠されているのである。

メニュー表は、経営戦略を成功させる手段として文字や写真を利用して、お客のさらなる購買動機を高めるためにあるのだ。

＊ ＊ ＊ さまざまな工夫が施されたメニュー表 ＊ ＊ ＊

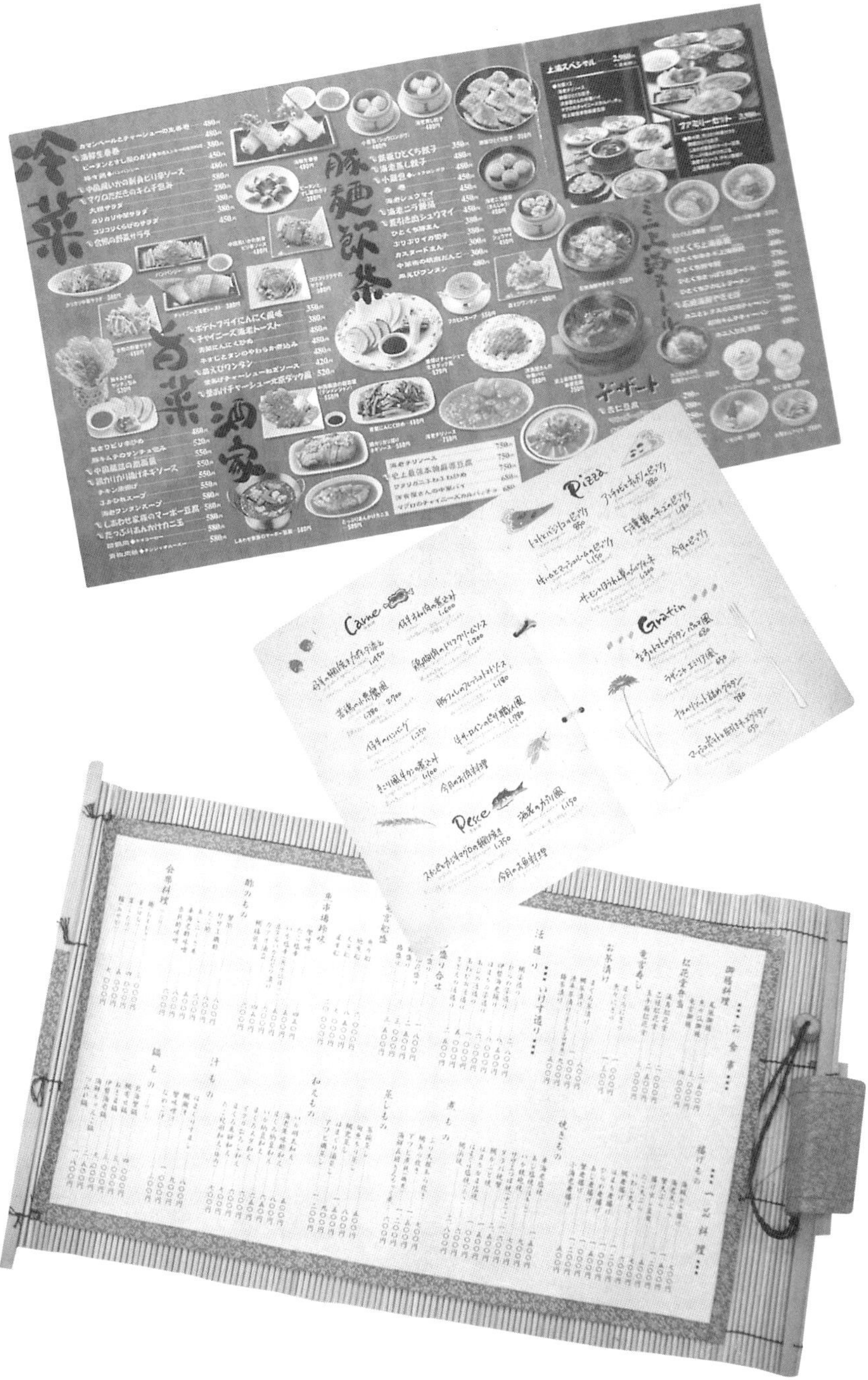

5 メニューは3つに分類できる

メニュー表は基本的に、次の３つの種類に大別することができる。

ひとつ目はグランドメニューで、常時、店で売っている商品のラインナップである。店の主力商品が頻繁に変わることは考えられないから、グランドメニューは写真パネル、アクリル板などに手描き、木版に彫刻するなど、固定化しても問題はない。

小規模店の場合は、壁掛け式の木札などを利用すると、それなりの個性が出て、店の雰囲気もよくなるだろう。中型店以上は、テーブルメニューが必要となる。この場合、極端にメニュージャンル（商品群）が多い店か、よほどの大型店（１００席規模以上）でない限り、見開き、二つ折りスタイルのメニューで十分である。

●ラミネート加工で長持ちさせる

また、できればメニューの中に、店の一品や看板商品にしたいと考えている料理の写真を切り抜いて貼り付けるぐらいの工夫は施したい。さらに、汚れないこと、長持ちさせて使うことを前提に、ラミネートなどで加工してみるのもよいだろう。

二つ目は、グランドメニューにはさみ込んで使う、差し込みメニューである。季節商品、期間限定商品、特別催事商品などは、短命で変化の多い商品であるため、グランドメニューには掲載がむずかしい。店側としても、その時期にとくに売りたい商品であるから、お客の注目を集める手段が必要となってくる。

そこで、グランドメニューに差し込むことによって、特別であることを印象づけるのである。これは、ＰＯＰ式、テーブルスタンド（衝立式）メニューと併用すれば、より効果的だろう。

●見て、楽しくなるものをつくろう

三つ目は、ＰＯＰメニューである。特別限定メニューや季節メニューはもちろん、サービス品やアルコール、ドリンクメニューなどは、ＰＯＰ（店内や店頭に、直接、貼りつけるポスター式のもの）で表現した方が、訴求力があって効果的な場合が多い。

また、口頭で伝達すべき部分を、イラストや漫画で表現すれば、お客に好感が与えられるだろう。これは、お客の目につきやすい場所に貼るのがポイントである。

メニュー表にも多少センスを発揮して、お客が触れたくなるようなものや、見ていて楽しくなるものをつくろう。

＊ ＊ ＊ メニューの3大スタイルとその表現ポイント ＊ ＊ ＊

グランドメニューの表現

店のコンセプトと融合している商品であることから、長持ちするスタイルでメニューを完成させることが肝要。

BOOK式メニュー、三つ折り式メニュー、見開きメニュー、木版彫刻メニュー、写真パネルメニューなどのスタイルがある。

差し込みメニューの表現

商品への飽きの防止とサブ商品の販売を目的とすることから、季節感、時流に則って、タイムリーに完成させることが肝要。

商品数が多い場合は、見開きスタイル。グランドメニューよりも1〜1.5cm程度長めに片面表示、両面表示ができる。とくに、アルコールやデザートなども差し込み方式を利用する場合が多い。

POPメニューの表現

お値打ち商品やサービス商品、売り切り商品など、店にとって有利になる商品を表示するメニュー。

ポスターや短冊、テーブルスタンド、黒板表示など、目につきやすい表示方法が重要になる。

6 見やすく、読みやすく、わかりやすく

メニューを、単なる価格表にしてはならない。お客はメニューブックを見て、どんな料理がおいしいか、気軽に楽しめそうか、また、いくら出せば楽しめるのか、さらに、いくら出せばどれくらい満足できるのか、などといったことを想像し、注文を決定する。

味覚や嗜好はきわめて個人的なものだが、だからこそ、お客が、どんな商品なのかイメージできるかどうか、が重要なポイントとなる。ところが、商品名だけでは迷うばかりで、選ぶ楽しさには、なかなかつながらないのである。

●五感に訴えるようなメニュー表をつくろう

目玉商品など、売りたい商品について、写真によってストレートにアピールするのは、お客にメニュー選びの楽しさを味わってもらうためである。舌で味わうだけでは満足しない、今のお客にとって、メニュー表もまた、味わう対象なのである。

食べる前から「おいしそうだ」と感じさせるには、お客の五感に訴えるようなメニュー表をつくることである。この場合、視覚的要素がとりわけ重要となる。なぜなら、人間の味覚の75%が、視覚的刺激によって左右されると言われているからだ。

メニューのデザインがどんなに完璧だろうと、また、マーケティングプランがいかに開発されていようと、お客がその商品を気に入るかどうかを決める大きな要因は、商品の〝ルックス〟なのである。

●繁盛店ほど、メニュー表の構成や表現がうまい

お客にとって、魅力的に見えるように料理を盛り付けることは、ストレートに売上げに結びつく。客席で、商品が盛り付けられたお皿を運ぶウエイターやウエイトレスによる視覚的な効果は、思いの他、大きいからである。

見やすく、読みやすく、わかりやすく、というのが、〝説得力のあるメニュー表〟の条件である。

具体的には、以下のとおりである。

・売りたい商品がクローズアップされているか
・店のおすすめ品が、すぐにお客に伝わるか
・店のポリシーやテーマが表現されているか
・季節感やオリジナル性が反映されているか

言うまでもないことだが、繁盛店ほど、メニュー表の構成や表現がうまいものである。

いくらくらいで?
どの時間帯に売るのか?
どのような商品が?
売り物は何か?
名物は何か?
何屋なのか?
今日のおすすめは?
店の主張が伝わるか
メニューブックの役割
お客の欲求が反映されているか
見やすく、読みやすい
価格がリーズナブル
他店との明らかな違いがある
内容がわかりやすい
タイムリーな商品がある
食欲がそそられる
安心してオーダーできる
次の来店時に食べたいものがある

コラム

＊メニューづくりでプランナー気分を楽しむ＊

最近では、フードプランナーやフードコーディネーターという職業人が増えているようだ。とくに、こうした職業には、若い女性が憧れるという。

わが社にも、新卒者がフードプランナーの仕事に憧れて入社してきた。プランナーの仕事の中でも、メニューづくりは、とくに楽しい仕事だと考えているらしい。その理由を聞いてみると、すべてのデザインを、自分が手がけることができるからだと言う。

たしかに、自分の感覚、感性をフルに活かしてつくったメニューが、お客様と店とのパイプ役をはたすのだから、こんなに楽しい仕事はないだろう。つい、デザイナー気分になるのも、わからないわけではない。

この、メニューづくりの楽しさのひとつに写真撮影がある。最近では、料理写真撮りも、オートフォーカスやデジタルカメラなど、素人でも上手に撮れるカメラが出回っているため、料理写真の撮影が容易にできるようになった。したがって、ここでも、プロカメラマン気取りで気分がいい。

さらに、メニューのレイアウト作業である。ここでは、どこに何を載せればよく売れるか、あるいは、文字や写真の大きさをどうするか、などを考えなければならない。

しかし、イラストや文字デザインなどの作業は、非常に楽しい作業になる。パソコン上で、フォトショップやイラストレーターといったソフトを存分に使うチャンスだからだ。このような作業に熱中している姿は、まさにグラフィックデザイナーそのものと言っていいだろう。

パソコンが一般化している昨今では、昔のように印刷メニューに頼らなくても、手づくりデザインが楽しめるようになってきている。

さらにメニューは、自分でつくることによって、商品構成や価格構成などにも注意を払うようになる。そうなると、売上げに対する意識や考え方も変わってくることは間違いない。経営にとっては、一石二鳥と言えるだろう。

これまでメニューづくりは、プロの仕事として考えられてきた。しかし、簡単なメニュー程度なら、従業員が協力し合ってつくることによって、店に対する思いも、より強固なものになるはずである。

9章

メニューの効果を倍増する販促作戦

1 年間を通じて一品を売ろう

飲食店経営における、これからの時代のキーワードは、「攻めの経営」である。とくに、中小飲食店はこれまで、ただ店を開けてお客の来店を待つだけという、消極的な〝待ちの経営〟をしているところが多かった。しかし、それではもう、経営は成り立たない時代なのである。

「攻めの経営」と言ってもその形はいろいろだが、メニューづくりと販促を連動させてお客をつかむ、積極的な経営姿勢が求められている。ただ、漠然とメニューを売るだけでは、他店との差別化はむずかしい。年間・季節・月別・時間別など、サイクルを決めて上手に売ることが大切である。

「自慢の一品」を育てるために

年間を通しての販促とは、たとえば、楽しさを売る店、おいしさを売る店、こだわりを売る店、というように、〝店のテーマ〟を売ることである。

また、すでに述べたように、繁盛店となるには、「自慢の一品」を育てなければならないが、商品に力があれば、自然とそうなるのかと言うと、そうではない。やはり、効果的な販促が必要なのである。

とっておきの一品を売り出し、軌道に乗せるためには、経営者および従業員の全員がその商品を熟知し、料理の特性や材料の稀少性、特別な調理法などのウンチクをお客に伝えることが必要である。そして、年間を通じて、その一品を売っていくのである。

押し売りはお客に嫌悪感を与えるが、お勧めは親切なイメージを植え付ける。

したがって、メニューを勧めることをためらっていては、サービスの向上はあり得ないだろう。接客の達人は、勧め上手でもあるのだ。店が勧める一品や自慢料理を買ってもらうことによって、お客に満足感を与えて、次の来店動機を誘うのである。

広告宣伝による販促にも、明確さが必要

新聞チラシなどを使った広告宣伝による販促でも、以前よく見かけた、店のイメージだけの広告や、店の全メニューを載せただけという、何の工夫もないものでは、たいした効果は期待できない。つまり、「当店自慢の一品」、「当店だけの○○」といった明確さを打ち出すことが必要なのだ。

なぜなら、飲食店に対するお客のニーズは、わかりやすさや「自分だけの満足感」の欲求などが強くなってきているからである。メニュー戦略から言えば、そのような独自性をアピールできる商品開発が、求められているということである。

＊＊＊「攻めの経営」における販促の考え方＊＊＊

メニューの効果をアップさせるための販売作戦

年間販促（イヤリー・プロモーション）
年間を通じて、独自商品や名物商品をアピールするための広告方法を考える

季間販促（シーズナリー・プロモーション）
四季を通じて、季節商品や旬をアピールするためのメニュー販促を考える

月間販促（マンスリー・プロモーション）
毎月のテーマを決めて、店の一品やメニューをアピールするための広告方法を考える

週間販促（ウィークリー・プロモーション）
1週間ごとにテーマ商品を決め、販売強化を図るためのイベントや広告方法を考える

当日販促（デイリー・プロモーション）
来店リピートを促進させるためのメニューを考え、その販売作戦を考える

時間販促（タイムリー・プロモーション）
時間帯別に販促メニューを設定して、購買効果を上げるための広告方法を考える

本日のおすすめ
さんま定食
ほー今日は
さんまがあるのか
MENU

販売促進は、きめ細かな計画に基づいて実施するのでなければ、大きな効果は期待できない。年間の〝営業テーマ〟に沿って、季節別、月別、曜日別、時間別というように、細分化して計画を立てていくのである。季節の販促は、四季ごとに季節感を出したメニューを、フェアやイベントと絡めて提供するのである。

季節感をメニューに反映させることは、商品のバリエーションを広げ、常連客をつくる決め手となる場合が多い。日本人は季節の変化に敏感であり、お客の購買動機も、季節によって大きく変わっていくからである。

●調理法、食材、盛付けで季節感を演出しよう

季節感の演出法には、調理法、食材、盛付けの3つの方法がある。これらの組み合わせ、あるいは、どれかひとつを組み込むことによって、季節感を出すのである。このような組み合わせによって生まれるメニューは、膨大なものとなる。

ポイントは、四季のメニューの一品をつくり、サービスデーを設けることである。その一例として、そば店なら、次のような企画が考えられるだろう。

・春期――「天ぷらそば」をメインに、1週間のサービスウィークを設けて、来店客全員に、花のタネをプレゼントする
・夏期――「スタミナそば」で花火をプレゼントする
・秋期――「松茸ご飯と秋そばセット」で、秋サンマの塩焼きをサービス
・冬期――「釜あげそば」で、けんちん汁をサービス

このように、できるだけ店のテーマが反映されたものや、経営者の個性が表現されたアイデアを考えることである。

●同じ日に、同じサービスをする

同じように、年間のテーマを、月ごとに分けて月間メニューを、さらに、それを1週間ごとに分けて、週間メニューを作成していく。

販売促進のひとつとして「サービスデー」を設けることは常套手段だが、飲食店の場合も、業態にふさわしいサービスデーの創造が不可欠となる。

サービスデーは、同じ日に同じサービスを固定化することがポイントである。〝毎週土曜日はギョウザ割引日にする〟というやり方である。

これを継続することによって、店のサービスが恒例化し、お客の来店動機がその日に集中する。話題性があれば、お客はその日を意識して忘れないはずである。

＊＊＊ シーズン販促の考え方 ＊＊＊

春季

旬の素材を活かしたメニューで、歓送迎会、入学・卒業式祝い、花祭り等を企画・販売

夏季

清涼感、スタミナ感、刺激感をテーマにメニュー開発して、食欲増進を図る

秋季

食欲の秋をテーマに、秋の食材を活かしたグルメメニューを開発して販売する

冬季

忘・新年会やその二次会客を勧誘する。アルコールと調和したメニューの開発・販売

↓

販売促進を成功させるための、魅力あるタイトルを決定する

↓

シーズナリー・プロモーションを実施するための主旨を明確にするとともに、それぞれの季節に融合したテーマを決定する

↓

販売促進の内容を決定する

- 販売するメニューは?
- 販促に使用するツールは?
- 販促に関する運営方法は?

➡

イベントやフェアの展開方法を決定する

- 店頭や店内の演出方法は?
- 販促に活用する告知メディアは?
- この販促と関連して実施する営業活動は?

3 時間帯別メニューで売上効果を生む

飲食店を活性化する手段として、「**時間帯別販売戦略**」がある。お客が飲食店を利用する場合、「この相手となら」とか、「こういうときには」といった利用動機があり、とくに時間帯別に見ていくと、利用動機は、より顕著となる。

そこで、時間帯別に、メニュー面における戦略を立てることが効果的となる。

時間帯別の外食ニーズは、大別すると以下のようになる。

・モーニングタイム（朝食）
・ランチタイム（昼食）
・アイドルタイム（昼下がり）
・ディナータイム（夕食）
・アフターディナータイム（夜食）

●ディナータイムも工夫しだい

喫茶店のモーニングセットは、今や当たり前だし、ランチタイムとディナータイムでメニューをガラリと変えて営業する〝二毛作営業〟の飲食店も増えてきている。

ここでは、飲食店でもっとも稼げる時間帯であるにもかかわらず、苦戦を強いられている店が多い、ディナータイムのメニューについて述べてみよう。

たとえば、「晩酌セット」である。店の自慢料理と、ビールや日本酒などをセットにして販売する。これに、食事メニューもセットにすると、独身者、単身赴任者向けのメニューになる。

また、カップル客をターゲットにしたメニュー「カップルセット」はいかがだろうか。料理の盛付けや器はお洒落な感じにして、メイン料理を2人盛りにする。副菜は少量別盛りにして、これに、アルコールあるいはノンアルコールドリンクをセットにするのだ。

●他店の情報に惑わされるな

さらに、ファミリー客を狙ったメニューとしては、「団欒セット」がある。これは、家族構成によって、組み合わせが変更できるのが特徴である。お年寄り用、中高年用、子供用と、それぞれの客層に対応したメニューを揃えるのだ。

メニューは、一品料理、食事メニュー、ドリンクまたはデザートの3項目を設けて、それぞれから1品ずつ選んでもらうのである。

これらは、自店の特徴をアピールするメニューづくりが基本で、他店の情報に惑わされず、信念を持って営業戦略に取り組む姿勢が大切である。

＊＊＊ 時間帯別メニューによる販売促進の考え方 ＊＊＊

販促時間帯	販促の主旨	販促タイトル	販売メニュー	販売価格	販促方法
モーニングタイム	(例) 売上アップ	一日の健康は朝食から	新潟コシヒカリお粥セット	530円	店頭看板とメニューPOP
ランチタイム	(例) 客数アップ	よりどりランチで、わがままに	京風おばんざいアラカルト	200～450円	ショーケース、サンプル
ディナータイム	(例) 客単価アップ	本日入荷 イタリア・ワイン	イタリア・ワイン	ワンボトル 2,800円	POPメニューとトークセールス
アフターディナータイム	(例) 原価率削減	深夜のヌードルがうまい	オリジナルらーめん	750円	店内ポスター

ランチ

モーニング

ディナー

アフター

4

POPメニューを売り込もう

利益を生むためには、より多くの商品を売ることが必要で、一人当たりの買い物（客単価）が高額になるようにメニューを組むことが重要である。

しかし、お客の懐具合が寂しい昨今、メニューの魅力だけでは、客単価のアップはむずかしい。

したがって、どうしても積極的な販促活動が必要となってくる。もっとも効果的なのは、追加オーダーの推奨販売、つまり、従業員の「お勧め」によるセールスである。値上げは客離れにつながりやすいが、この「お勧め戦略」は、そのようなリスクが小さい。なぜならお客は、その分のお金をよけいに支払うことを納得しているからである。

●お客に「あと一品」を勧めよう

プラス一品販売は、儲けを増やすための初歩的な戦術である。お客に、「あと一品」を勧める場合、メニューの中に、お客が手を出しやすい、買いやすい要素を盛り込んでおけば、効果はさらに期待できる。

この場合のポイントは2つある。まず、安くて量が少ないことである。つまり、安く上げたいが、同時に、プラス一皿の豊かな気分も味わいたいという、お客の心理を突くのである。

したがって、ついオーダーしてしまうようなメニュー、たとえば、デザートやサラダ、アルコール、ドリンクといったサブメニューを取り揃えておく。小皿や小鉢料理、テイクアウト商品なども効果的だろう。

甲府（山梨県）地方のそば屋には必ず、「モツ煮込」が小鉢で売られている。これによってお客が、料理以外に、アルコール類や小鉢をオーダーする可能性が高くなるため、一人当たりの客単価も上がるのである。

●従業員全員で意識統一する

この場合、できれば差し込みメニューより、ＰＯＰメニューにした方が、効果的な場合が多いようだ。特別限定メニューや季節メニュー、サービス品、アルコール、ドリンクメニューなどはポスター式にして、店内や店頭のお客の目につきやすい場所に貼るのがポイントである。

そして、従業員全員が意欲的にお勧めするように意識統一しておくのである。たとえば、オーダー受注時とメニュー提供後のセールス商品を決めておく、というようにするのである。

注意深い気配りとは、お客の買物動機をとらえて逃さない、儲け獲得のテクニックなのである。

＊＊＊ POPメニューの書き方 ＊＊＊

横書きの場合

イラストを入れて季節感を出す
ポップタイトルを必ずつける
高知発：当店到着
今が旬！
カツオの土佐づくり
○○○円
価格はアラビア数字で書く
メニュー名を、大きな文字でわかりやすく書く

縦書きの場合

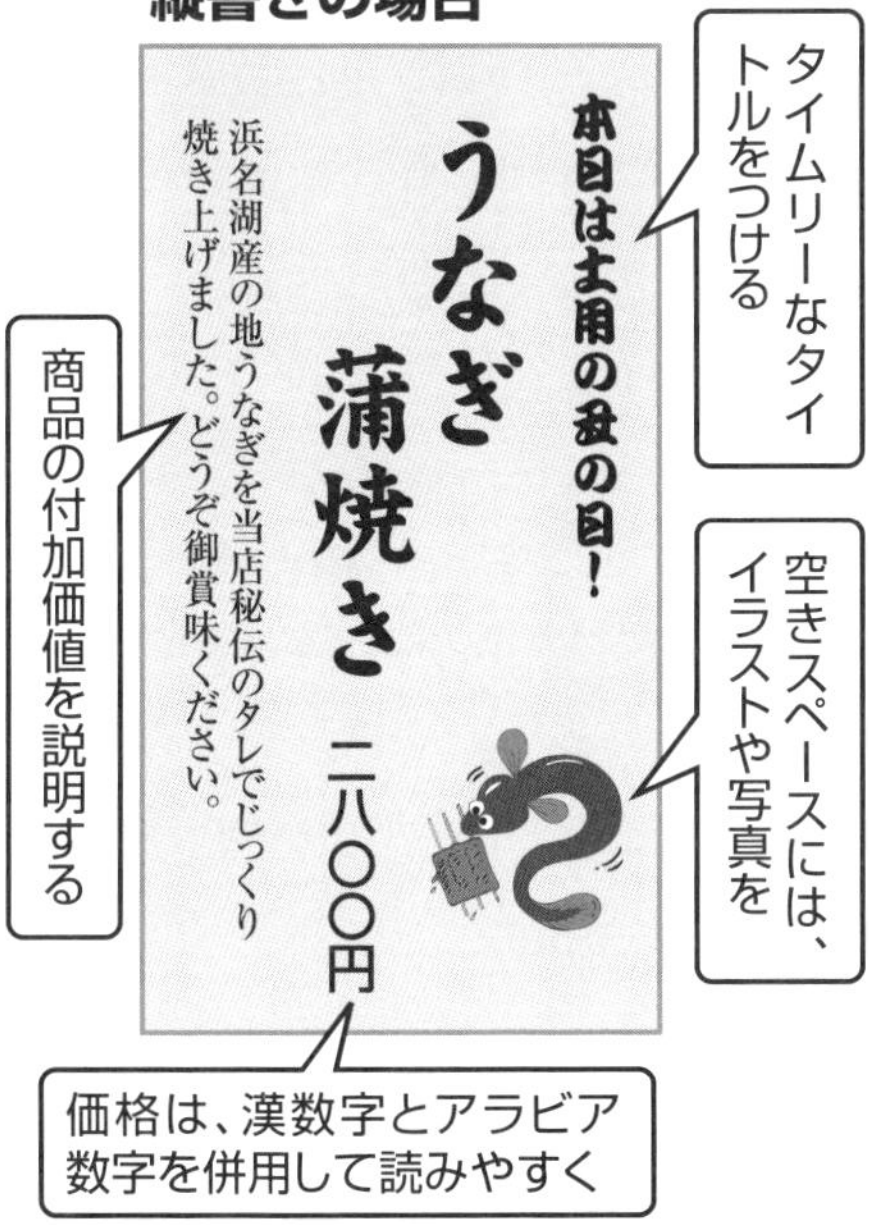
タイムリーなタイトルをつける
本日は土用の丑の日！
うなぎ
蒲焼き
二八〇〇円
浜名湖産の地うなぎを当店秘伝のタレでじっくり焼き上げました。どうぞ御賞味ください。
商品の付加価値を説明する
空きスペースには、イラストや写真を
価格は、漢数字とアラビア数字を併用して読みやすく

円形POPメニューの場合

12
3
6
9
3時から6時まではコーヒー200円タイム
めだつ色で、お客の認知度を高める

テーブルPOPメニューの場合

イラストはリアルに
冷え冷えの
生ビール
¥450
三角折りにして安定させる
POP用紙は厚めのものを使用する

5 メニューのクチコミ販売作戦

メニューの効果を、最大限に活かす手段としてもっとも効果的なのが、従業員の「お勧め」によるセールスとともに、お客の「クチコミ」である。

自慢の料理をアピールすることは、一般広告媒体ではむずかしい。どんなにおいしそうな料理の写真が掲載されていても、臨場感が薄いからである。

料理の内容、品質の伝達には、クチコミがもっとも効果的である。なぜなら、実際に食べた人間が、その商品の魅力を、直接、相手に語り伝えてくれるからである。

「自分の畑で、その日の朝採れた野菜を天ぷらにしている」とか、「あそこの薬膳料理は体の芯から元気になる」といった話を聞かされた人は、自分も「食べてみたい！」と思うからである。

●女性客をターゲットにしよう

クチコミによる販促作戦は、以下のように進めていくといいだろう。

・ダイレクトメールなどで、〝アナタだけ〟と謳った特典（カップルメニューやデザート、アルコールメニューの紹介）で、女性客を誘引する

・女性グループを集めて試食会を開催する。メニューは高級料理の小皿メニューや、お勧めメニューなど、グループによって変える

・顧客モニターを募集して、有力メニューの採点やアドバイスをしてもらう。その商品を、あたかも、モニターの意見によって開発されたかのように演出すると効果的である

●「アナタだけ」、「アナタだから」を強調しよう

このように、女性客をターゲットにしているのは、女性客が、〝店の広報宣伝部隊〟だからである。

女性客は、噂に敏感で反応も早く、情報をアッという間に広げてしまう。クチコミ効果を狙うには、女性客以外には考えられないのである。

女性は〝ほめあげ〟や〝おだてあげ〟に弱い。そこで、「アナタだけ」、「アナタだから」と強調することによって、店のファンに固定化してしまうのである。

女性客が増えれば、それが店の活気につながり、男性客も増えるというメリットもあるのだ。

噂やクチコミは、客が大勢いるほど早く広がり、その範囲も拡大される。店に来る一人ひとりのお客も大切だが、グループ客が、いっせいにその役割をはたしてくれれば、効果は絶大と言えるだろう。

＊ ＊ ＊ **クチコミを成功させる作戦** ＊ ＊ ＊

第1段階	販促コンセプトを明確にする	(例) 新商品を名物メニューに育てる
第2段階	話題になるようなオリジナル商品を開発する	(例) チャイニーズ・デザート商品
第3段階	女性モニターを募集して、商品の開発コンセプトと商品の説明、試食会を開催	(例) デザートを試食してもらう。お持ち帰り商品を用意して、家族の意見を聞く
第4段階	商品の価値観をアンケート用紙に記入してもらい、意見交換をする	(例) デザートの味、形態、盛付け、彩り、香り、価格について
第5段階	モニターメンバーで発展協力会を結成してもらい、会員募集を図る	(例) 会員の特典を設ける。メンバーは、そのデザートが無料になる
第6段階	商品のネーミング決定	(例) 商品名は「楊貴妃のほほ笑み」
第7段階	店内POPでアピール	(例) この商品は、お客様と一緒に開発したオリジナルデザートです
第8段階	従業員によるセールストークの徹底	(例) 話題の自慢デザート「楊貴妃のほほ笑み」はいかがですか？

6 二毛作メニューで、売上げを倍増しよう

最近、売上不振の打開策として注目されるのが「**二毛作営業**」である。二毛作営業とは、昼と夜とで営業形態を変え、1日の営業時間の中で、別々の業態を組み合わせることを指している。

ただ、こうした営業形態を実施するには、非常に高度な技術を要するため、綿密な計画と慎重な取り組みが必要となってくる。

したがって、小手先だけの対応ではむずかしい。同一店舗で業態が変わることから、店内の雰囲気などが、それぞれの業態に共通していること、厨房の設備や什器備品が共用できるものであること、使用食材も共用できることなど、経営の効率面と、お客から見た営業コンセプトの整合性が問われるからである。

●確実に増えている二毛作営業

二毛作営業で成功している、いくつかの例を紹介すると、

・居酒屋業態の店が、ランチタイムを一膳めし屋風にして営業
・ファミリーレストランや一般の食堂が、モーニングタイムを利用して、朝食メニューを提供
・夜間営業やディナータイムのみ営業の店が、昼食のデリバリー営業やテイクアウト弁当を販売
・洋風ファミリーレストランなどが、アイドルタイムを利用してケーキバイキングを実施
・ラーメン店が深夜メニューを開発し、居酒屋に変身

などで、二毛作営業は、これからも確実に増える傾向にあると言っていいだろう。

●オリジナルメニューの提供が不可欠

しかし、異なった飲食業態を上手に組み合わせることができても、それぞれの営業形態に、人を引きつけるだけの魅力がなければ、二毛作営業の成功はむずかしいだろう。舌は肥えたが財布のヒモは固い今のお客にとって、目先のごまかしや単なる思いつきだけでは、何の魅力を感じることもできないからである。

したがって、そのようなお客を満足させるだけの魅力を持ったオリジナルメニューの提供が不可欠になってくる。簡単に言えば、昼は空腹充足対応型、夜はレジャー対応型の飲食業という2本立てである。

目的が違えば、お客が許容する客単価も違ってくる。したがって、お客の利用動機に応じて、売り物や提供方法も明確にしなければならないのである。

＊ ＊ ＊ 二毛作メニューの導入方法 ＊ ＊ ＊

二毛作営業を実施する要因

・現在の売上げが低下している
・閑散営業タイムに、もっと売上げを上げたい
・立地に潜在する客数が、昼と夜で、極端に変化する
・人件費コントロールのため、営業時間を延長したい
・食材の回転率が悪いため、食材をさばきたい
・高級店が、サービスタイムを設けたい

↓

二毛作営業コンセプトを確立する

現在の営業のダメージにならないコンセプトで業態を開発する。ただし、設備、店舗空間、食材などを特別に考えることはやめるべきである

↓

テスト販売を実施する

商品力、メニュー構成、価格構成を確立するために、イベントとして、1週間のテスト販売を実施して反響を見る

↓

二毛作営業の開始

7 フェアやイベントを実施しよう！

販促活動として行なうイベントやフェアは、斬新で強烈な印象を与えるものを手掛けていくことが必要である。

もっとも一般的なのは、年4回の季節メニューフェアだが、できれば毎月、何らかのイベントを実施していきたいものである。

ただし、店のコンセプトに合わせた企画を立てることが大切である。たとえば居酒屋なら、「アジアとヨーロッパの珍鍋体験フェア」と銘打って、チゲ鍋やイカ墨のブイヤベース、チーズフォンデュなど、各国の鍋メニューを提供する。常連客はもちろん、話題に釣られて新規のお客も来るし、それがきっかけで固定客になってくれることも期待できるだろう。

●客の意識を、いつも店に向けてもらう

もっとも、情報過多の現代では、企業や店が企画するイベント情報で溢れており、人の記憶に残るような強烈なものでない限り、集客力も弱く、成功もおぼつかないため、要注意である。

したがって、「お客とともに！」をコンセプトに置いた考え方が大切である。

とくに、家族連れや子供と一緒に楽しめるイベントを打って、意識をいつも店に向けてもらうことによって、お客の来店動機を高めるのである。

たとえば麺店なら、「麺延ばしコンテスト」や「麺食い競争」などの企画を考えたい。子供からファミリー客まで、とくに最近では、男性にそば打ちが流行っていることから、大きな効果が期待できるだろう。

このように、他店にない〝呼びもの〟をつくって、それを強調していくのである。

●安易なイベントメニューは客離れにつながる

しかし、目先の売上げを狙っただけのイベントメニューは、注意して導入しないと、客離れの原因ともなりかねない。

したがって、集客を狙って考案するイベントやフェアは、広告媒体などを使って伝達するよりも、地道なクチコミ効果を利用した方が得策である場合が多い。

たとえば会計時に、「○日は、○○のサービスデーになっております。ぜひ、ご利用ください」と、ひと言を添えることによって、お客は新しい情報を仕入れたとばかりに、自分の周囲に知らせるだろう。お客にとって〝得する情報〟は、すぐにも人に伝えたいという衝動が起こるからである。

このように、先に知った人間の優越性をくすぐることによって、クチコミ効果を発揮させるのである。

＊＊＊年間計画に基づいたSP（販売促進）作戦＊＊＊

月	生活催事	主な旬の魚介類	年間	季間SP	月間SP	週間SP	日間SP	時間SP
1月	元旦、七草、鏡開き、成人の日、大寒	ヒジキ、アオヤギ、アサリ、カキ、サザエ、シジミ、タイラガイ、トリガイ、ハマグリ、ミルガイ、芝エビ、シラウオ、スケソウダラ、ズワイガニ、ナマコ、ニシン、ハタハタ、ヒラメ、フグ、ブリ、フナ、ホウボウ、マイカ、マガレイ、マダイ、ワカサギ、レンコダイ	年間を通じて、競合店に負けないオリジナルなテーマを設定して、広告やイベントを開発する	（冬季）冬にふさわしい外食の提案と、そのイベントや広告宣伝を開発	お正月や成人式の人出を狙って、来店勧誘を広告で実施する	1週間をサイクルに、来店頻度を高めるための、店の情報提供を行なう	毎日の来店サイクルを促進するための販売計画を立てる	時間帯別の販売促進を計画して、1日の売上アップに努める
2月	節分、立春、建国記念日、バレンタインデー				営業日数が少ない分の売上げを、節分やバレンタインデーなどを利用した広告で売上アップ			
3月	ひな祭り、ホワイトデー、彼岸入り、春分の日			（春季）春にふさわしい外食の提案と、そのイベントや広告宣伝を開発	ひな祭りや春分の日、卒業式をテーマにフェアやイベントを開発			
4月	みどりの日	ワカメ、アサリ、アワビ、ウニ、サザエ、トコブシ、スルメイカ、タチウオ、トビウオ、ニシン、ベニマス、ホタルイカ、ホッケ、マイカ、メバチ、メバル、ヤマメ、アユ、イサキ、イシモチ、コイ、カマス、キス、コチ、サワラ			さくら祭りや花見をイベント化して、店内販促を開発する			
5月	八十八夜、憲法記念日、国民の休日、こどもの日、母の日				ゴールデンウィークに最大集客を図るため、大型販促を計画する			
6月	父の日			（夏季）夏にふさわしい外食の提案と、そのイベントや広告宣伝を開発	雨天が多い月であることから、来店勧誘より感謝デーを設けて、サービスイベントを開発する			
7月	七夕、海の日、土用の丑の日	コンブ、アワビ、シジミ、シタビラメ、シャコ、スズキ、タカベ、タコ、テナガエビ、ドジョウ、ハモ、ママカリ、ムロアジ、ヤリイカ、アジ、アナゴ、アユ、イサキ、イシガレイ、イシナギ、イシモチ、イナダ、イボダイ、アジ、ウナギ、オコゼ、カマス、コチ、カワハギ、カンパチ、クロダイ、サケ、サンマ、シイラ			外食の最大繁忙期に突入することから、七夕、土用の丑の日等をテーマにイベントを企画・開発する			
8月					集客が多いこの月は、イベントやフェアは実施せず、サービス強化月間とする			
9月	敬老の日、彼岸入り、秋分の日			（秋季）秋にふさわしい外食の提案と、そのイベントや広告宣伝を開発	秋の食材が豊富なこの月は、秋メニューを開発して、イベントやフェアを実施する			
10月	体育の日	ノリ、アサリ、カキ、タイラガイ、ホタテガイ、ミルガイ、シシャモ、芝エビ、ズワイガニ、タラ、タラバガニ、ナマコ、ハゼ、ブリ、ハタハタ、ヒラメ、フグ、ボラ、ホウボウ、マガレイ、マグロ、ムツ、ママカリ、メヌケ、メバチマグロ、モロコ、ワカサギ、サバ、アマダイ、イセエビ、ウグイ、海タナゴ、カレイ、カタクチイワシ、ケガニ、コイ、ゴケ、サケ、サワラ、サンマ			この月から、秋の旬シリーズでメニューをつくり、冬期に向けて集客の一次作戦を展開する			
11月	文化の日、七五三、勤労感謝の日				祭日の多いこの月は、人出も多いことから、文化の日や七五三をテーマに広告を実施して忘年会客を勧誘する			
12月	天皇誕生日、クリスマス、大みそか			（冬季）	師走のこの月は、新年会の顧客予備軍確保のための販売促進を計画する			

SP＝セールスプロモーションの略

8 プレミアム作戦を成功させよう

20年ほど前、ある居酒屋が顧客確保を狙って、誕生日パーティー企画を打ち出した。そして、当日の主役には、プレゼントとして花束を贈呈して、大成功を収めた。

ほどなくその噂は、グループ客から個人へ、個人からグループ客へとクチコミで伝わり、1日20組もの誕生パーティー客で賑わうようになった。この店は、現在でも盛況であることからみると、一時のクチコミ戦略が信用を継続させ、効果を上げていることがわかる。

●ポイント制度で固定客づくり

どんなにおもしろいイベントを企画しても、お客がアクションを起こさなければ企画倒れに終わる。「絶対に行かなければ」、「必ず参加しよう」という意識を起こさせる方法として、プレミアム（賞金、景品、割引など）作戦がある。

〝行けば、こんなに得をする〟、〝魅力的な景品があるから参加する〟など、お客の欲望に火をつけるのである。作戦が強烈であればあるほど、お客の行動は活発になり、参加人数も多くなるだろう。

固定客づくりの販促手法としてよく見かけるのが「ポイント制度」で、最近、飲食店でも導入する店が増えてきている。これは、「友の会」といった会員システムをつくって、毎回、利用額の何パーセントかをポイントとして加算し、期間内に一定の点数になったら、金券などでお客に還元するという仕組みである。

また、ファミリーレストランのテーブルには、必ずアンケート用紙が置いてある。お客の満足度や店の問題点を知るために役立てるものだが、広島市内にあるイタリアンレストラン「ビア・モンテティーナ」はこの方法を利用して、約3万人のお客と交流を図り、月商１７００万円の超繁盛店となっている。

●ちょっとした思いつきやアイデアを活かそう

同店では、来店動機、商品、サービス、雰囲気などの良否、店への伝言、住所、氏名、生年月日などを用紙に記入してもらい、会計時にレジに提出すると、会員カードが渡され、さまざまな特典が受けられるようになっている。

この程度のことは最近、どこの店でもやっているが、同店では、会員の誕生日に手書きのはがきを添えて、高級ワインやケーキをプレゼントしている。そして、この特典を受けたお客の90%以上が、固定客となっているのである。

このように、ちょっとした思いつきやアイデアがお客に好感を与え、それが店の個性となって定着するのである。

＊＊＊アンケート用紙の一例＊＊＊

お客様のご意見を頂戴します

本日は、当店をご利用いただきまして、誠にありがとうございます。当店では、お客様のご意見をいただき、よりよい店づくりをめざして参ります。大変お手数ですが、下記について、ご協力をお願い申し上げます。

月　　日　　　　　　　　　　　　　　　　○○店　店長

1.	本日は、何名様でご来店いただきましたか	1人　2人　3人　4人　5人以上
2.	当店のご利用は何回目ですか	1回　2回　3回　4回　5回以上
3.	お客様は、月に外食を何回なさいますか	1回　2回　3回　4回　5回以上
4.	外食で、お客様の1回当たりの平均利用金額は	500〜1,000円　1,000〜2,000円　2,000〜3,000円　3,001円以上
5.	本日は、何を召し上がりましたか	
6.	料理の味は、いかがでしたか	まずい　普通　おいしい
7.	まずかったお客様のご意見をお願いします	
8.	メニューの価格はいかがですか	高い　普通　安い
9.	高かったお客様のご意見をお願いします	
10.	今後は、どのようなメニューをお望みですか	
11.	当店のサービスはいかがでしたか	悪い　普通　よい
12.	サービスが悪いと感じたお客様のご意見をお願いします	
13.	当店の雰囲気はいかがでしたか	悪い　普通　よい
14.	ご来店された交通手段は	バス　自転車　タクシー　徒歩　マイカー
15.	本日ご利用いただいた時間は	午前　午後　時　分ごろ
16.	誠に恐れ入りますが、当店のイベント企画やお誕生日プレゼントのお知らせをさせていただきますので、ご住所の記入をお願いいたします。 ご住所 お名前　（年齢）　才 お誕生日	

大変、ありがとうございました。お客様のご意見を参考にさせていただき、よりよい店づくりに励んで参ります。今後とも、よろしくお願いいたします。

9 マスコミを上手に利用しよう

有名になる（知名度が高くなる）ことは、繁盛店になるための第一歩だが、店の情報は、こちらから発信しない限り、流れることはない。だから、常に〝よい噂〟が流れるような店づくりを心がけたいものである。

ひとたび、「あの店の○○はうまい！」、「サービスと雰囲気がバツグン！」といった評判が立てば、よほどの大失敗がない限り、お客の、その店に対するプラスイメージは、消えることはない。

また、テレビ、ラジオ、新聞、雑誌といったマスコミも、積極的に利用すべきである。飲食店情報は、今やマスコミにとって、なくてはならない情報である。マスメディアは、常に新しい話題を求めているため、これを利用しない手はないだろう。

●情報の受け手の数が桁違いに多い

マスコミ情報の場合、情報の受け手の数が桁違いに多い。これほど強力な宣伝方法は、他にはないだろう。また、無料で宣伝してくれることも、大きな魅力である。小さなラーメン店が、テレビで紹介されたとたん、行列のできる店になった、という話はよく聞く。

マスコミにとって、店の大小はほとんど関係ない。おいしいと評判の店や、珍しい料理が食べられる店など、紹介するだけの価値があれば、必ず紹介してくれるはずである。

そのためには、「ズバ抜けてうまい魚がある」、「３６５日３６５種類サラダ」、「どこよりも安いメニューがある」といった商品特性を話題に乗せる方法が、もっともポピュラーである。

●「自分」を見失わないこと

店として徹底的にこだわるモノやコトがあれば、どんどんマスコミに売り込めばいい。前述したとおり、彼らは常に新鮮な話題を探し求めているため、取り上げてくれる確率は高いからだ。

ただし、自分を見失わないように気をつけなければならない。

かつて、第二次ラーメンブームの頃（平成６年頃）、テレビ局が番組で、著名なコピーライターや料理評論家らを動員して、荻窪のラーメン店を改造する企画を立て、番組直後は長蛇の列ができる店になったものの、今ではその店は消滅して、跡形もなくなっているというケースもあるからだ。

繁盛店づくりの原点は、正当な料理と真心溢れる経営にあることを忘れてはならない。

＊＊＊ マスコミとクチコミの比較 ＊＊＊

	マスコミ	クチコミ
必要情報	斬新で話題性の高い営業コンセプト、商品、店舗、接客サービス、経営者の理念、経営戦略、調理システムなど	提供される商品の特殊な情報。来店客のライフスタイルに融合した飲食情報。個人向けの飲食情報システム
プロモーション必要資源	資本を活用して、短時間で効果を上げる	時間をかけて、長期間で効果をもたらす
ターゲット客	商圏が広げられるため、不特定多数客	個人のネットワークによる特定顧客
プロモーションにおける満足度	店舗満足型プロモーション	顧客満足型プロモーション
広告効果	店側と顧客が、マスコミによってつながる間接的効果	店と顧客の関係によって得られる直接的効果
広告経路	一方的発信	相互間の情報交換
活用メディア	マスメディア	会話やインターネット

コラム

クチコミ宣伝は団地の主婦が一番！

「マスコミ宣伝によって効果が上がらない店が、クチコミ宣伝を狙ってもムダである」と言われているが、クチコミ作戦は費用がかからないため、何とかこれを成功させようと必死になる店が多いようである。これは、「マスコミ宣伝は費用が高い」ということによる。

クチコミ宣伝は、他の広告宣伝に比べると、効果を得るのがむずかしいものである。単に、店の情報を発信しただけでは、誰も関心を持ってくれないからだ。その店に、何か特別な話題性のある料理やサービスがあり、その情報が広く知られていない場合に限って、クチコミが起きるのである。

そんなむずかしいクチコミが、ちょっとした工夫をするだけで、大当たりする場合もある。

これは、ある工業団地の近くにあった中華料理店の話である。開店2ヶ月後、ちょうど夏季を迎え、夏メニューの開発に取りかかっていた。開店間もないことから、中華冷麺をメニューに取り入れて販売することになった。

そこで、味を優先させて、「御馳走冷麺」として売り出す計画を立てたのである。その商品を試作をしている最中、子供連れの主婦が来店した。店主は、その商品をお客様に味見をしていただこうと考え、無料サービスで提供した。

「お客様、申し訳ありませんが、夏メニューに考えている冷麺なのですが、召し上がっていただけませんでしょうか」。その主婦は、快く引き受けてくれた。「これを980円で売ろうと思うのですが……」と言うと、「ちょっと高いわねー、でも、すごくおいしいわよ」と言ってくれたのである。

そして、その2時間後、女性客が3人で「Mさんの奥さんから、すごくおいしい冷麺があるって聞いたわよ」と入ってきたのである。「Mさん」が、先ほどの主婦であることはわかったが、まだメニューもないし、仕込みもできていない。しかし、せっかくなので、試作用の材料で3人分の冷麺をつくった。

その夜は、家族連れの客がやけに多かった。しかも、まだ売り出していない冷麺の注文が圧倒的だった。団地中に冷麺情報が流れていたのだ。意識的にクチコミを狙ったわけではなかったが、“瓢箪から駒”で、この店は繁盛を続けることができたのである。

10章

売上アップにメニューを活かせ！

1

立地の悪条件を克服しよう

立地条件の善し悪しは、飲食店の繁盛を左右する大きな要素である。しかし昨今では、社会構造の変化が速く、好立地の条件も、必ずしも一定ではなくなってきている。

街中にあったショッピングセンターが郊外に移転したため、人の往来が減って売上げがダウンしたり、小規模飲食店が軒を並べる夜型立地だったものが、ビルの建設ラッシュによってオフィス街に変貌したため、昼型立地に変わった、等々である。

このような現象は大都市だけでなく、地方都市でも起きており、飲食店経営者にとって、決して他人事ではない。そのため、周辺環境の変化に注意を払いながら、対策を講じていく必要があるだろう。

●デメリットをメリットに変えよう

しかし、他の小売業と違い、立地の悪条件を克服できることが、飲食業の、ビジネスとしてのすばらしさである。これは、メニュー構成によって、環境の変化にも敏速に対応することができるからである。

たとえば、ショッピングセンターやデパートの移転によって昼間の売上げが減少しているケースでは、まず、昼のメニュー数を拡大して固定客のリピートを狙うこと、そして、夜のメニューを充実させ、客層の拡大とその定着を狙うことである。また、酒肴メニューの充実なども効果的である。

夜間型営業によって賑わっていた立地が、環境の変化によって昼型立地に変貌したようなケースでは、まず二毛作営業を前提として、昼間は定食やランチメニューを導入して、夜の売上減をカバーするということも考えられる。

次に、料理を専門志向のものに変えて、客単価アップを図りながら、来店動機を強く促す、といった対策も有効である。

以上はほんの一例だが、努力しだいで、立地条件のデメリットを、店のメリットに変えることも十分に可能なのである。

なぜなら、付加価値によって、お客の来店頻度を高めることができるからである。

●一人でも多くのファンをつくろう

「こんなところに！」と思うような悪い立地でも、熱烈なファンがいて繁盛している店も少なくない。つまり、新しいお客が次々にやって来なくても、一人のお客に何度も来店してもらうことができれば、やっていくことができるからだ。

一人でも多くのファンをつくる、言い換えると、いかに店を惚れ込んでもらうか。それには、これだけはどこにも負けないという一品を完成させることである。

＊＊＊ 立地条件の悪化を解決するメニュー戦略 ＊＊＊

売上ダウンを招く立地条件の変化

「立地環境条件」の変化

- 道路状況の変化によって、車の往来が減少した
- 企業や工場・事務所の移転・撤退によって、お客が減少した
- 大型ビルの建設によるロケーションの悪化
- ビルの閉鎖、空き商店などによる地域の過疎化

「商圏環境条件」の変化

- 競合店の増大による売上げの低下
- 地域の空洞化現象による、外食利用客の減少
- 大型商業施設の建設による、地域商業の衰退
- 高齢化社会による、外食利用の減少

↓

メニューによる悪条件の克服

↓

売上アップを図るためのメニュー戦略

「客数アップ」を図る

- 固定客の拡大を図る、会員制メニューの開発
- 最大ピーク時のスピード提供メニューの開発
- オリジナル性の高いメニューの開発
- タイムリー＆リーズナブルなメニューの提案

「客単価アップ」を図る

- アルコールと相性のよい酒肴メニューの開発
- サラダやデザートなどのチョイスメニューの開発
- テイクアウト商品の開発
- 専門性の高い、ディナーメニューの開発

2 夜間の営業強化で、客単価アップを図ろう

消費の低迷が続いているため、お客は高価格なものにはなかなか手を出さず、手頃な価格で満足感の高いものを求める傾向がある。その結果、客単価が低下して、売上げの減少に悩む店が増えている。

客単価のアップを図るには、飲食店におけるメインマーケットタイムである、「夜間の営業」を強化することである。日本人は、昼より夜にごちそうを食べるという傾向がある。そのため、客単価も夜の方が高くなるため、儲けを考えるなら、夜間の営業を強化することが必須条件となってくる。

●アルコールメニューを充実させよう

夜間の営業強化のためのメニューづくりについて、アトランダムに列挙していくと、以下のようになる。

・売れ行きナンバーワン商品のセットメニューをつくる。たとえば、単品６８０円で提供する五目そばに、餃子半人前とライスをつけて９８０円で売る。３００円程度のアップなら、お客も抵抗感は少ないはずである
・グランドメニューに掲載する商品すべてを、お値打ち感のあるセットメニューや定食メニューだけに限定する。単品は、サブメニューとして扱う
・アルコールメニューを充実させる。３００円程度のビールのグラス売りをしたり、ソフトカクテルメニューを安価で売る
・食後のドリンクメニューを作成する。ただし、２００円前後の低価格商品を3～5品くらい
・簡単なデザートメニューを作成する。シャーベットなどの、気軽な食後向けデザートを充実させる
・カップルメニューを作成して、2人用のコース料理やセット料理を、お値打ち価格で提供する

●コース料理やセット料理に取り組もう

・高級料理を小皿メニューにして、低価格で提供する。これによって、高級料理の味を覚えてもらう
・大皿料理や作り置きメニューを開発する。料理提供までの、場をもたせるための一品として、注文を誘う
・現在の平均客単価を上回る価格の商品、数点をピックアップして、おすすめメニューを作成する

総じて言うと、商品力そのものが強く問われる単品料理より、コース料理やセット料理などに取り組むのが効果的だろう。

なぜなら、商品全体の魅力で独自性を図るため、技術力の不足がカバーしやすく、高単価が狙いやすいからである。

＊＊＊メニュー戦略による客単価アップ法＊＊＊

客単価アップを図るには？

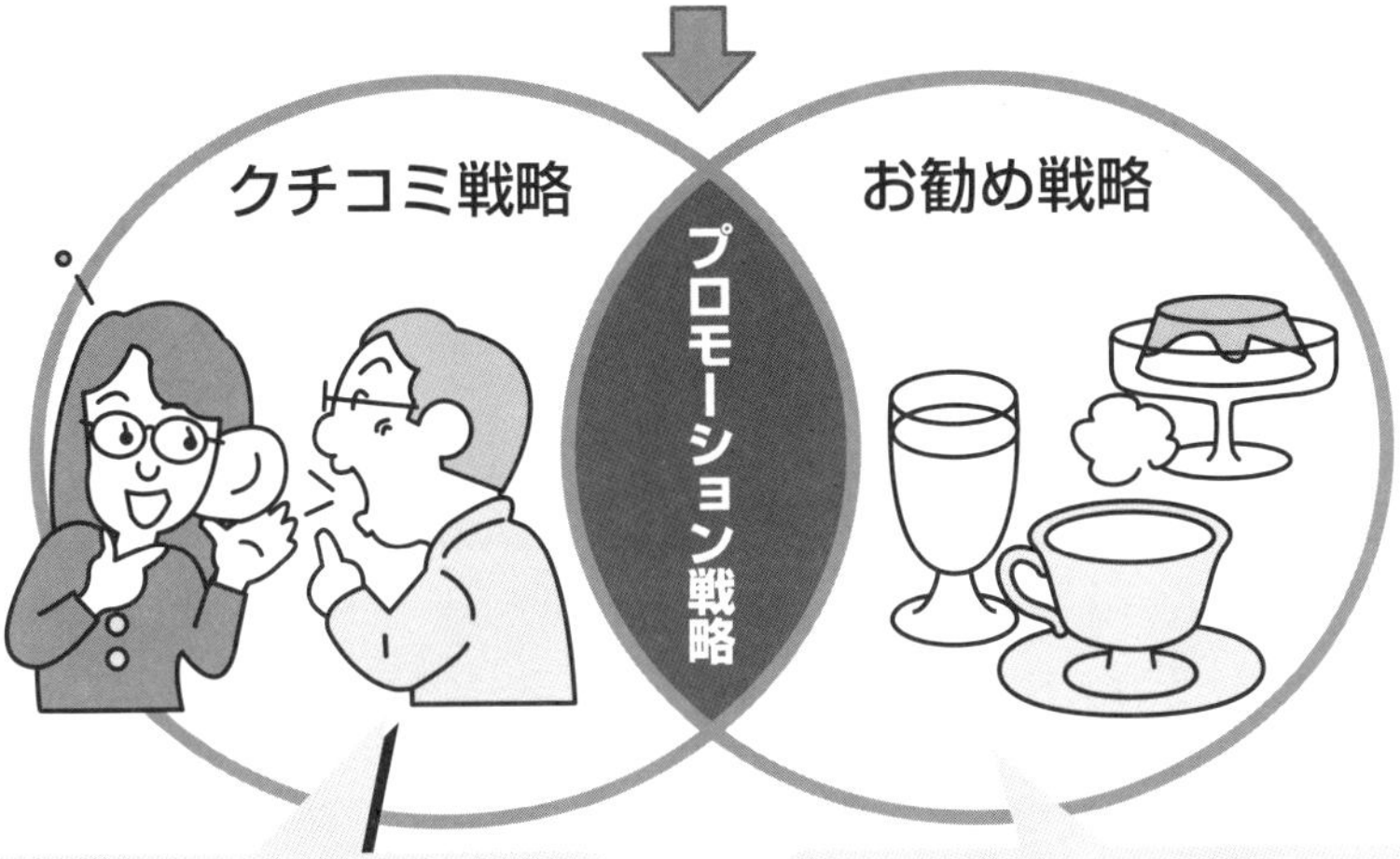
クチコミ戦略
プロモーション戦略
お勧め戦略

- オリジナル、プラス1品商品の開発と、そのクチコミ販売
- 宴会・パーティーのメニュー開発と、その販売ネットワークづくり
- コンビネーションメニューの開発と、そのクチコミ販売
- 専門性の高いメニューの開発と、そのクチコミ販売

- アルコール商品をお勧めする
- セットメニューやコンビネーションメニューを勧める
- テイクアウト商品の開発とそのお勧め
- コース、パーティー商品のお勧め
- デザートや喫茶商品のお勧め

ここのたこ焼き
おいしいんだよ!
もうお腹いっぱい
だからおみやげにして!

3 オリジナルメニューで、集客力アップ！

　客数、客単価と新規客の獲得は、飲食店の3大テーマである。ディスカウントメニューや低価格メニューを主にした飲食店が増え、飲食業界も〝価格破壊時代〟になっているが、過当競争のため、売上げが確保できずに苦悩している店が多いようである。

　客数の減少による経営不振を克服するには、安易に低価格商品などに頼らず、客側と店側に潜在する客離れの要因を、「メニュー戦略」によってコントロールすることが必要である。

　来店動機や購買動機を高めるための対策として、以下のようなことが考えられる。

●激化する競合に勝つ条件とは

・他店にない、高品質なオリジナルメニューがある
・安い、うまい、量が多いという三大要素が揃っている
・庶民的な価格や、内容を改善した高級料理も揃える
・グループや家族でも楽しめる料理やセット商品を揃える
・メニュー構成の中に、魚の煮付けなどの家庭料理が含まれている
・他店にないテーマに基づいたメニューができている

　今後、ますます飲食店の競合が激化してくることが予想される。競合店に打ち勝つには、店舗力、商品力、サービス力、販売戦略などを総合的にチェックして、店全体のレベルアップを図ることが大切である。

　とりわけ、販売戦略の基本となるメニューの差別化は、大きな威力を発揮するはずである。お客の嗜好は日々刻々と移り変わり、舌も肥え、センスも向上しているからである。単に、お客に歩調を合わせるようなことをしているだけでは、他店に対して優位な立場を維持することはむずかしいだろう。

　では、口の肥えたお客を満足させるには、どうすればよいのか？　答えはひとつしかない。「あの店のあの料理が食べたい」と、お客に強烈に思わせることである。

　そうすることによって、繁盛を確実なものにすることができるのである。

●サービスや店舗力の見直しも

　オリジナリティーは、現代のメニューにおいては必須条件である。店の存在感を強烈にアピールする商品、すなわち、「看板商品」がひとつでもあれば、怖いものはない。どんなに競合店があろうと、お客は必ず支持してくれるはずである。

　また、サービスや店舗力の見直しも併せて行なえば、集客力アップの効果はさらに増すはずである。

＊＊＊ 競合店対策メニューの考え方 ＊＊＊

競合店に勝つための
メニュー戦略

価格戦略で勝つ

- ◆単品価格を引き下げて、商品販売数を増やす
- ◆メニューの価格帯構成を広げ、割高感をなくす
- ◆オリジナル商品の開発による、一般商品との価格の差別化
- ◆競合店の価格競争に参入しない付加価値の追求

高品質戦略で勝つ

- ◆一品の品質向上を図る
- ◆健康志向を反映して、オーガニックメニューで差別化を図る
- ◆調理技術の向上による新商品の開発と、その販売による、専門店としてのイメージづくり
- ◆産地直送や本日入荷の食材によって、素材をアピールする

販売戦略で勝つ

- ◆マスコミ・クチコミ戦略による、コミュニケーション営業の強化
- ◆時流をいち早くとらえ、他店より早くメニュー化する
- ◆目玉商品やお値打ち商品をメニューで表現
- ◆商品ネーミングで差別化を図る

店舗力の向上　**商品力の向上**　**接客力の向上**

4

時流をとらえたメニューが強い

お客に飽きられたままの状態を続けることは、飲食店としてはおしまいである。お客というものは、とかく勝手なもので、律儀なようでいて浮気っぽい。何度も同じものを食べたり飲んだりしていると、すぐに飽きるからだ。

もともと飲食欲求とは、その日その時の気分や精神状態によって、突然変化するという特性を持っている。また、お客が求めている満足は、必ずしも「おいしさ」や「格安感」ばかりとは限らないのである。

では、お客の求めているものは何か？　それは、〝ワクワクするような期待感〟である。これは、料理に対してはもちろん、雰囲気やサービスなども含まれる。ワクワクすることのない店には、わざわざ行きたいとは思わない。だから、他の店に行く。つまり、客離れである。

目玉商品の開発は簡単

とはいえ、現実問題として、飽きられないメニューを開発することはむずかしい。これは飲食店にとって、永遠の課題であり、定期的にメニュー改定を行なう理由でもある。

お客から飽きられないためには、目玉商品を開発することも有効である。看板商品の完成には、時間と技術が必要だが、目玉商品の開発は簡単である。

たとえば、

・競合店より、低価格に設定する
・季節メニューを、他店より早く導入する
・産地直送の食材をテーマに、メニュー開発を行なう
・他店よりボリュームアップを図る

など、自店の特徴を広くアピールし広告することが、目玉商品づくりである。つまり、話題性で売上げをつくるのだ。

そしてもうひとつ、飲食店のメニュー戦略としては、新商品の開発や新業態の開発によって、お客の好奇心を刺激し、その欲求をさらに膨らませることが大切である。その意味で、時流をとらえたメニューづくりも重要と言えるだろう。

若者や女性の嗜好をキャッチしよう

食べ物にも、一種の時代性や流行がある。時代の気分が変われば、お客が求めるメニューも変化するのは当然である。エスニック料理から〝イタめし〟（イタリア料理）、モツ鍋、そして最近の韓国料理と、食ブームは次から次へと変遷している。

時流にマッチしたメニューづくりは、お客を引きつける武器ともなる。とくに、若者や女性の意識は、メニューに反映させなければならないのである。

＊＊＊時流をとらえたメニューの考え方＊＊＊

段階	社会の変化	人間の欲求変化	生活の欲求変化	メニュー欲求変化
5段階	革新社会、改革・改善社会	自己実現への欲求が膨らむことによって、自分も人に敬われる人間になりたいという意識が働く	カルチャー志向が強まり、知的な満足を求める	食文化志向が強く、歴史や地域文化にちなんだ料理や健康料理を好んで食べる
4段階	成熟・安定社会	尊敬・崇拝の欲求が膨らみ、人を敬う意識が働く	アメニティ志向が強く、生活の快適さを求める	オリジナル志向が強く、他にない料理や珍重・珍味を好む
3段階	成長社会	帰属への欲求が膨らみ、財産・権利、所有等の意識が働く	グローバル志向が強く、多くの人との関わりや交流を求める	本物志向が強く、物真似、コピー商品を嫌い、本格料理を好む
2段階	労働・生産社会	安全・保全への欲求が膨らみ、仕事や生活などが保護されたいという心が働く	ファッション志向が強く、独自のライフスタイルを求める	多様化志向が強く、あれもこれも食べたがる
1段階	貧困社会	生存への欲求が膨らみ、生きるために必要な収入を得ることに心が働く	簡便志向が強く、生活の合理性を求める	安値、満腹志向が強く、安くて満腹になることを求める

ぼくは
安くて満腹に
なるのがいい
いろいろな
ものが
食べたいわ
本格的な
和食がいい
何か
変わったものが
食べたいな
やっぱり
薬膳料理が
いいな～

5 宴会、グループ客を狙え！

飲食店の売上高は、客数×客単価×客席回転率によって求められる。

しかし、理論ではわかっていても、実際に売上アップを図るには、相当な費用や労力を要する。

そのためには、日常営業の中で、最大の効果を求めていくことが得策、ということになるのだが、案外、見過ごされているのが、「宴会」である。これは、客数がまとめて取れるし、客単価も上げられるチャンスである。

宴会といえば、忘・新年会、と決めつけるのは早計である。また、小さな店には縁がないと考えることも同様である。どちらも、単なる思い込みにすぎないのだ。

●宴会ニーズを掘り起こそう！

お客のライフスタイルに目を向けてみれば、宴会ニーズは、意外とたくさんあることに気づくだろう。

3〜4月は卒業・入学シーズンで、会社でも、入社・転勤などが目白押しである。クリスマスやバレンタインデーは、今や飲食店を利用するのが当たり前で、誕生日や結婚記念日なども外食デーとなっている。

しかし、大人数のグループ客だけが、宴会というわけではない。4人掛けテーブル1卓だけという「宴会」もある。このような少人数宴会の需要は、意外に多いのである。

サークル活動をしている主婦の集まりなどは、午後のアイドルタイム対策としても効率的だろう。そうした〝ミニ宴会〟のニーズは、探せばいくらでもあるはずだ。

さらに、記念行事やパーティーといったイベント的な利用スタイルは、今後も増える傾向にあり、そうした利用に対するメニュー戦略は、客単価の維持に、欠かすことはできないのである。

●大皿で取り分けて食べる「居酒屋会席」

また、〝情報グルメ〟（クチコミや情報による飲食）から、〝経済グルメ〟（格安で実質的な飲食）のお客が増えてきており、食事メニューの注文が増えてきている。

居酒屋の〝グループ客メニュー〟として人気が高い「居酒屋会席」などが参考になるだろう。大皿で人数分まとめて提供するこのメニューは、予算オーバーの心配がない点と、取り分けて食べる楽しさによって、若い客層の心をつかんでいる。

また、大皿による提供は、厨房作業の大幅な効率化も図ることができるため、まさに〝グループ客向けメニュー〟にぴったりと言えるだろう。

＊＊＊宴会・パーティーメニューの注意点＊＊＊

前菜オードブル

宴席の華的料理

テーブルに花を添えるため、盛付けセンスが問われる。宴会・パーティーのテーマを活かした工夫が必要

サラダ料理・お造り

食欲増進的料理

消化を助ける役目をはたす料理。他の料理と区別した盛付けの工夫が必要になる。とくに、素材の吟味には要注意

焼き物料理

中心的料理

コースの中心料理となることから、盛付けやディスプレーの工夫が必要となる

揚げ物料理

多様的料理

和・洋・中など、いろいろな揚げ物を工夫する。冷めても、おいしさが失われない素材や味付けが大切

和え物料理

芳香的料理

サラダの一種になることから、サラダが出る場合には不要。タレの香りや風味を活かすことがポイント

寄せ物料理

箸休め的料理

少量でもよいが、サッパリ感、さわやか感をテーマに、お洒落さが必要となる

蒸し料理

素材的料理

素材のうま味を出す料理であることから、新鮮な素材を使用することが必要

煮込み料理

長時間料理

材料のうま味を引き出す料理であることから、長時間を要する。前もって、仕込んでおくことが大切

スープ料理・吸い物

口直し的料理

料理の最初に提供されるが、宴会料理では、中華料理でしか出されない。ウォーマーやホテルパンなどを使用

デザート

後味的料理

すべての料理が終わった後に出される。消化のよいものにする。最近では、お洒落なデザインがポイント

6 テイクアウトメニューで売上げアップ

一般的に言われる「メニュー」とは、店内のグランドメニューのことと考えがちだが、メニュー分類をしてみると、その種類と役割は多い。

小規模店の弱点は、席数が少ないことである。そのため、客単価か客席回転率を上げなければ、売上げは頭打ちになりやすい。

もし、大幅な売上アップを望むなら、出前やテイクアウト（お持ち帰り）メニューをはずして考えるわけにはいかないだろう。

最近の〝中食〟（主に、外で買って家で食べること）の売上げは急速に伸びてきており、高齢化社会や働く女性、独身者の増加などを考えると、潜在需要はたいへん大きい。

●潜在需要を掘り起こすメリット

今や、中食しようと思えば、コンビニやスーパーだけでなく、デパート、弁当店、惣菜店以外に、レストランや食堂のテイクアウトコーナーなどもある。

ただ、これらの多くは揚げ物、焼き物、ご飯類などの固形物が中心で、煮物でも、比較的、汁が出にくいものばかりである。

スープやつゆが欠かせないものはテイクアウトには不向きのようで、逆に言えば、スープを使った料理で持ち帰りできるものは、ビジネスチャンスと言えるだろう。

持ち帰る途中にこぼれる心配がない二重構造容器も開発されているし、何といっても、潜在需要が掘り起こせるというメリットは捨て難い。

「家庭で味わえないおいしさを堪能したい」とか、「届けてくれるなら、頼んでみよう」といった利用動機は、こちらから刺激しない限り、なかなか表には出てこないのである。

●オペレーションを崩しやすいテイクアウトメニュー

配達可能な地域には、隈なくメニュー表を配ったり、挨拶に回るといった営業活動の他、レジで精算する際、「当店自慢の味です」、「ぜひ、召し上がってみてください」と、お客に呼びかけてみることである。

もちろん、店内営業と並行した宅配やテイクアウトメニューの導入はオペレーションを崩しやすいため、人的問題や食材管理など、営業に弊害が出るケースも多い。したがってこれは、綿密な計画によって実施すべきである。

ただ、そうした点に十分に留意していけば、宅配メニューやテイクアウトメニュー、惣菜メニューなどの開発は、大きな可能性を含んだ分野と言えるだろう。

＊＊＊テイクアウトメニューの需要と効果＊＊＊

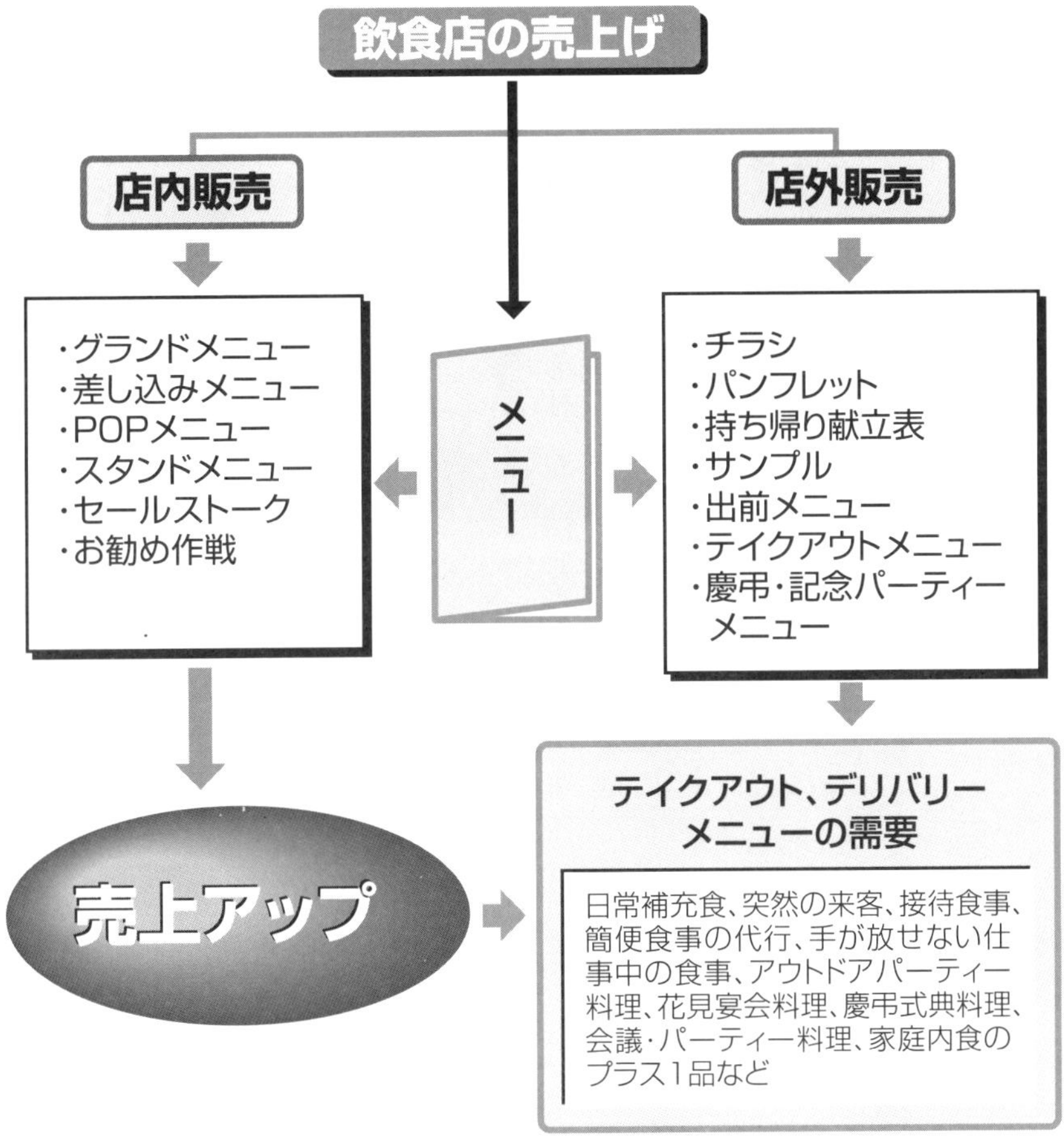
飲食店の売上げ
店内販売
店外販売
・グランドメニュー
・差し込みメニュー
・POPメニュー
・スタンドメニュー
・セールストーク
・お勧め作戦
メニュー
・チラシ
・パンフレット
・持ち帰り献立表
・サンプル
・出前メニュー
・テイクアウトメニュー
・慶弔・記念パーティーメニュー
売上アップ
テイクアウト、デリバリーメニューの需要
日常補充食、突然の来客、接待食事、簡便食事の代行、手が放せない仕事中の食事、アウトドアパーティー料理、花見宴会料理、慶弔式典料理、会議・パーティー料理、家庭内食のプラス1品など

お店が混んでいるから
テイクアウトに
してもらおうか…？

7 アルコールメニューをもっと売ろう

居酒屋ブームを見るまでもなく、飲食店におけるアルコールメニューの需要は、着実に伸びている。売上げに対する貢献も大きく、商品戦略上、不可欠なメニューと言っていいだろう。

客単価を上げるには、「あと一品」の追加オーダーが大切、と前に述べたが、アルコール類だと、これがやりやすい。しかも、必ずと言っていいほど、おつまみが欲しくなるため、一石二鳥の効果もある。

●ビールを中心とした販売戦略

アルコールメニューは多種多様だが、消費量の多いビールを中心とした販売戦略が、もっとも有利となる。私は、顧問先の多くに、「サンキュー（3と9のつく日）サービス」をおすすめしている。商品はビールである。毎月3日・9日・13日・23日・29日の6日間は、３９０円の〝サンキュー・ビール〟のサービスを実施するのである。

最初の1ヶ月間は、それほど効果は表われないが、2ヶ月、3ヶ月目になると、ビールの売上げが5割もアップする店も出てくる。３９０円で50%近い粗利益が出るため、メリットは大きい。

現在でも、その日を楽しみに来店する客が絶えない。

仕事帰りに飲むビールの爽快感、キュッとひっかける一杯の熱燗。日頃のストレスを発散させるには、これに優るものはないだろう。

ただ、それをさらにうまくするメニューは、商売上、きっちりと押さえておくことが必要である。

たとえば、全国各地から集めた酒肴や珍味と地酒を組み合わせたメニューを考えるのである。北海道の〝タコの塩辛〟や博多の〝辛子明太子〟、静岡の〝黒はんぺん〟（イワシのはんぺん）をつまみにして新潟の吟醸酒を飲む、といった具合である。

●食事、つまみは、酒との相性が大切

アルコールメニューを積極的に売る場合の食事、つまみメニューは、す早く提供できることも大切だが、その味、量、価格などに、楽しくアルコールが飲めるような工夫が必要である。

それには、業態に対して違和感のないメニューであること、さらには厨房や接客サービスとの関連性も考慮しながらメニューを設計することが望ましい。

また、つまみの利益率は高い、ということも付け加えておこう。

＊＊＊ アルコールメニューの売上アップ法 ＊＊＊

8 ヘルシーメニューで勝つ

現代人の健康志向はますます強まっており、飲食業においても、「健康」というキーワード抜きに語ることはできない。とくに、女性や中高年以上の世代は、これらに関心が強く、ヘルシーメニューに対する期待はふくらむばかりである。

もっとも現実には、サラダさえ出していればヘルシーだと思っている店がまだまだ多い。サラダというのは、ある程度の量がなければヘルシー感を出すことはできない。どうせ取り組むなら、立派な一品料理に仕立てるぐらいでないと効果は薄いだろう。

アイデアはいくらでもある

アジアにも、野菜を中心にしたヘルシーな料理がたくさんある。たとえば、韓国料理イコール焼き肉というイメージがあるが、これはとんでもない誤解である。実際、韓国人は日本人の6割ほどしか肉を食べておらず、食事の中心は野菜なのである。

韓国人は、日本人の約１・７倍も野菜を摂取している。その秘密は食卓にキムチを常備しているからで、１日に３００～４００グラムもキムチを食べているのだ。

それを、そっくり真似をする必要はないが、学ぼうとする心さえあれば、個性的なヘルシーメニューのアイデアはいくらでも生まれてくるはずだ。

私は、京都府の地域振興事業に関わっており、その一環として、公共施設内にオープンしたレストランのコンサルティングも行なっている。「ハーブ・リーズ」（与謝郡加悦町のリフレかやの里内）は、そうしたレストランのひとつである。

開店にあたっては、「健康をテーマにしたフランス料理店」をコンセプトにメニューの開発を行なったが、なかでも、「フランス薬膳コース」（２０００円）は、とくに人気が高く、売上げの約35％を占めているほどだ。

お客を大切にするということ

これは、地元で生産される健康食材〝シルクパウダー〟を活用し、きのこや魚介類をクレープで包んだ料理をメインに、ハーブサラダやデザートなどを組み合わせ、健康食にありがちな無味乾燥なイメージを払拭するという、見た目の演出もしている。

材料の仕入れルートの問題もあるため、ヘルシーメニューの開発は容易ではないかもしれない。しかし、ヘルシーさを売り物にするということはお客を大切にするということでもあるから、そうした努力は、お客の熱い支持を受けるのは間違いないだろう。

＊ ＊ ＊「ハーブ・リーズ」店舗とメニュー例 ＊ ＊ ＊

加悦町リフレッシュビレッジ全景

9 〝飲酒後の一品料理〟で売上アップ!

飲食店において、アルコールに対する需要がますます増大している今日、飲酒客をターゲットにした〝飲酒後の一品料理〟は、これからの目玉商品として有望なジャンルになってくるはずだ。

飲酒客は大別すると、食べながら飲むタイプと、飲みながら食べるタイプに分けられる。前者は、利用動機として料理に重点を置き、後者は酒肴に重点を置くことになる。

酒肴を求めるお客は、飲酒後に軽い食事をしたがる傾向があるのも特徴だ。

たとえば、飲んだ後のラーメンやお茶漬けなどは、お腹への満足感を与える食べ物である。ラーメン店は、これらの客をターゲットに深夜遅くまで営業し、成果を上げている。

売れる酒肴料理を開発しよう

アルコールを重視している業種の店は、酒肴料理の開発に懸命である。

とりわけ居酒屋は、売上げの30〜40%を、原価率の高いアルコールメニューで占めているため、原価率が低く抑えられる、売れる酒肴料理の開発が必須なのだ。

飲酒後の一品料理のメリットは、付加価値のある商品性やボリューム感などではなく、酔っている時においしいと感じる情緒的な要素にある。

そのため、原価やボリュームなどを気にせずに価格設定ができるため、低価格商品でもヒットさせやすいのである。また、飲酒後の一品料理を上手に定着させることができれば、客単価アップにもつなげることができる。

もっとも、店の主力商品から見ると、売上貢献度はそれほど高くないのも事実だから、他店では見られないオリジナリティーと、飲酒後の食欲をそそる「独創性」を反映させ、多くのお客にアピールすることが大切である。

主力商品をしのぐ人気商品に

たとえば女性客には、デザート類やフルーツ、少量の麺類などの、お腹に負担がかからないメニューを、一方、男性客には飲酒後の腹ごしらえをポイントとする。

静岡県浜松市の「割烹　岡田」では、モチ米のご飯に細かく刻んだしば漬けと大葉のせん切りをのせた「しば飯」を、飲酒後の一品料理として提供し、主力商品をしのぐ人気商品となっている。

これからは、「酒がうまくなる料理」や「酒と相性のよい料理」の開発が繁盛店づくりの大きなポイントになりそうである。

＊ ＊ ＊ 酒肴メニューの開発ポイント ＊ ＊ ＊

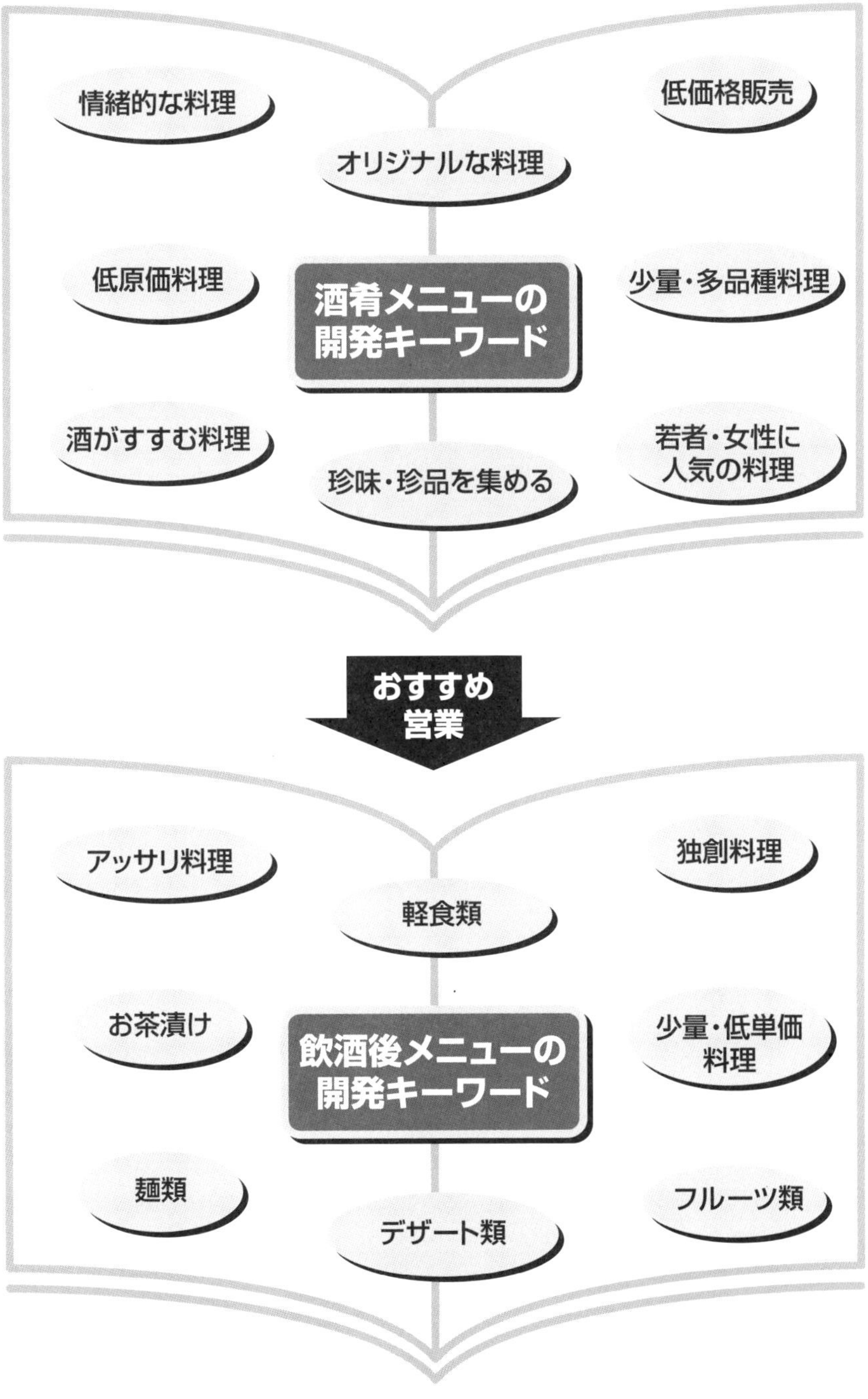
情緒的な料理
低価格販売
オリジナルな料理
低原価料理
酒肴メニューの開発キーワード
少量・多品種料理
酒がすすむ料理
珍味・珍品を集める
若者・女性に人気の料理
おすすめ営業
アッサリ料理
独創料理
軽食類
お茶漬け
飲酒後メニューの開発キーワード
少量・低単価料理
麺類
デザート類
フルーツ類

コラム

＊鮎の解禁日のおにぎり作戦＊

調理修行時代に、中国人の親方から教えられたことがある。

「晴れは日傘を売り、雨の日は雨傘を売ると儲かるよ」。

当時は、「そんなことは当たり前じゃないか！」と思っていたが、後に、「常に、お客が求めているものを探しながら商売せよ！」という意味だとわかった。

しかし、いざ経営者になってみると、この当たり前ことが、なかなかできない。つい、自己中心的になって、周りが見えなくなってしまうからである。

ある店休日に、従業員全員で多摩川に川遊びに行く計画を立てた。しかしその日は給料日前で、みんなの懐がもっとも寒い日だった。遊びたい一心から、「給料の前借りをしよう」と言う者もいたが、お金がかからない方法で行こうということになった。車を借りて、相乗りして行けば交通費はかからないし、昼飯は、店からおにぎりを握っていこうということになったのである。

ところが、その日はちょうど、「鮎の解禁日」だった。若い従業員の1人が、「どうせ、おにぎりをつくるんだったら、たくさんつくって売り歩こう」と言い出したのである。懐が淋しい全員の意見はすぐに一致した。

全員がおにぎりづくりに夢中になり、五升釜で3釜分ものおにぎりをつくってしまったのである。漬け物を切る者、タラコを焼く者、焼きのりを切る者、アルミホイルでおにぎりを包む者――遊びとなると、よくもこんなに、要領よくできるものだと感心するほど、チームワークがよかった。

おにぎりが完成したのは朝の3時、それから車に乗り込んで、多摩川までひと走りした。多摩川に到着すると、暗闇の中に、すでに大勢の釣り人が来ており、川の両岸に、所狭しと釣り人が並んでいる。

こちらは、ビニール袋に入れたおにぎりを売り歩く。「おにぎり500円！いかがですかー」と大声で叫びながら、全員で売り歩いた。すると、あちこちから注文の声がかかる。「おーい兄ちゃん、ひとつくれー」。向こう岸におにぎりを投げる。「この袋にお金と石を入れて投げてくださーい」。

というわけで、2時間もしないうちに、200人分のおにぎりが完売した。10万円の収入である。一睡もしなかった全員は、川遊びどころではなかったが、「晴れは日傘を売り、雨の日は雨傘を売ると儲かるよ」を、遊びの中から体験できたことが大きな収穫だった。

著者略歴

原田　諦（はらだ　あきら）

1943年、東京都出身。工業エンジニアを経て外食産業界へ入る。銀座東京飯店、ホテルオークラに調理人として勤務した後、中国・上海の梅龍鎮酒家で料理人修業。帰国後、中国料理店、食品加工場など、年商27億円の会社を経営。その後、外食コンサルティング会社のチーフコンサルタントとして、全国の飲食店の経営指導、台湾、韓国の外食産業の商品開発に携わる。

現在、飲食ビジネスコンサルタントとして、海外を始めとする飲食店の経営指導、海外出店コンサルティング、食品メーカーの商品開発顧問として活動している。

また、「メニューマーケティング」論文によって、ハワイ州ウェストミンスター大学の経営博士号を取得。豊富な体験と実践理論に基づき、全国に話題の繁盛店を開発している。“経営と調理ができるコンサルタント”として、若手育成に情熱を傾ける傍ら、各府県の地域活性事業の指導など、行政コンサルタントとしても活動。2000年には、その功績が認められ、社会文化功労賞を受賞している。

著書として、『図解・はじめよう！　麺の店』『必ず当たる！　売れるメニューはここが違う」（ともに同文舘出版）『成功するための開業種選び！』（㈱テンポ）などがある。

㈱日本外食総合コンサルティング代表取締役　再チャレンジ・ビジネスコンサルティング主宰、外食産業人育成「庖道塾」塾長。

連絡先　〒107-0052　東京都港区赤坂7-2-17
㈱日本外食総合コンサルティング
TEL：03-3408-1015　FAX：03-6805-5078
E-mail：jfc@lagoon.ocn.ne.jp
URL：http://www.jfc.co.jp/（会社案内）　http://www.inshoku.biz（飲食ビジネス）

必ず当たる！「売れるメニュー」はここが違う

平成14年6月10日　初版発行
平成19年7月30日　5版発行

著　者 —— 原田　諦

発行者 —— 中島治久

発行所 —— 同文舘出版株式会社

東京都千代田区神田神保町1-41　〒101-0051
電話　営業03（3294）1801 編集03（3294）1803
振替00100-8-42935　http://www.dobunkan.co.jp

 ISBN4-495-55921-4
印刷／製本：東洋経済印刷　Printed in Japan 2002